渡辺光一著

アフガニスタン

戦乱の現代史

岩 波 新 書

828

はじめに

アフガニスタンは「文明の十字路」であると言われてきた。しかし、これは間違った表現である。嘘ではないにしても、正しい歴史認識ではない。私は長い間そう考えてきた。正しい認識は、アフガニスタンが「戦乱の十字路」であり、「非文明の十字路」であったということである。

「文明」という言葉は、福沢諭吉が使ったことでよく知られている。まだ「非文明国」であった日本を「文明国」にするため、西洋の文明を大いに取り入れ、日本は「文明開化」していかねばならない。福沢はこう力説した。この福沢の表現を借りれば、「文明の十字路」であるアフガニスタンには、はるか数千年の昔から、さまざまな「進んだ文明」が訪れてきたことになる。つまり、進んだ文明が、西から東から、いくたびも繰り返しアフガニスタンの地を訪れ、今日に至ったということである。そうだとすると、アフガニスタンは、世界でも稀に見る「文明に富んだ地」であり、「進んだ文明が地層のように蓄積した国」ということになる。

はたしてそうだろうか。その答えは、現在のアフガニスタンが証明している。アフガニスタンは、いま「文明国」でもなければ、「文明が蓄積した国」でもない。世界のどこにも見られないような、荒廃した大地そのものである。多くの人々は文明とは程遠い、悲惨な環境の中で、息も絶え絶えに暮らしている、というのが実情である。もしアフガニスタンが本当に「文明の十字路」であったとするならば、なぜ、豊かな文明を持った過去から、今日のような悲惨な状況が生まれてしまったのだろうか。「文明の十字路」と書いてきた多くの書物には、その説明が欠落している。

アフガニスタンは「戦乱の十字路」であった、と述べた。大国とか強国と呼ばれた国がアフガニスタンに持ち込んだのは、文明ではなく、戦争であり、侵略であった。戦争あるいは侵略が重なり、地層のように蓄積したがゆえに、今日のような悲惨な事態を招来させてしまったのである。

七年前、私は、米国の国際政治学者サミュエル・ハンチントン教授にインタビューする機会があった。同教授の著作『文明の衝突』の内容について、いくつか質問したが、その会話の中で教授は「アフガニスタンという地域もまた、文明がぶつかる場所である」と語ったことを覚えている。その意味は、アフガニスタンの急進的なイスラム教徒の活動が、かつて共産主義に染まっていた旧ソ連の国々にさまざまな影響を与え始め、イスラムの「文明」が次第に勢力範囲を拡大しつつある、と指摘したものであった。同教授の「文明が衝突する」という意味は、異なった文明を持つ人間同士が衝突する、という意味にほかならない。

しかし、異なる文明を持つ人間が、つねに衝突するとは限らない。人類の歴史を見ると、同じ文明を持つもの同士でも衝突することが何回もあった。その一方で、異なる文明が共存した時もあった。従って、異なる文明が必然的に対立に向かうかのような運命論的な思考は、必ずしも正しいとは言えないし、場合によっては「衝突を煽る論理」として、強く否定しなければならない。

同時に、なぜ文明が衝突するに至ったかについては、その根本原因を、文明自体に求めるだけでは不十分である。むしろ、その文明を勝手に、巧妙に、解釈したり、ゆがめたりし、支配を拡大してきた為政者、国家、組織が多かった。ヒトラーやスターリンはその典型であった。

二〇〇一年九月、米国で起きた同時多発テロ事件のあと、この「文明の衝突」論がにわかに脚光を浴びることになった。米国への同時多発テロ事件も、その報復としてのアフガニスタンに対する米英軍の空爆についても、キリスト教文明とイスラム教文明の衝突である、と捉える考え方である。しかし、これは決して文明の衝突ではない。アフガニスタンという「戦乱の十字路」で、再び繰り返されてしまった軍事的な衝突であり、「非文明の衝突」そのものである。

私が本書を執筆しようと考えたのは、アフガニスタンの歴史と文化について、「文明の十字路」ではなく、「戦乱の十字路」であると指摘したかったからである。この書の副題を「戦乱の現代史」としたのは、そうした視点と論点を考慮してのことである。

同時に、「戦乱の十字路」が、アフガニスタンという地にどのようにして作られ、「非文明の衝突」がもたらされたか、その歴史のプロセスとメカニズムを、私なりの分析で平易に説明したいと考えた。

これらを注視することによってのみ、初めてアフガニスタンの未来に、「真の文明の十字路」が切り開かれ、構築されると確信しているからである。また、「戦乱の十字路」をしっかりと振り返ることによって、初めて「非文明の衝突」が「文明の非衝突」、つまり「文明の和解」、あるいは「文明の融合」へと転化してゆく、というのが私のもう一つの主張である。

新たなアフガニスタン政権の誕生は、その可能性をはっきりと示し始めた、と言えるのではなかろうか。

著　者

目　次

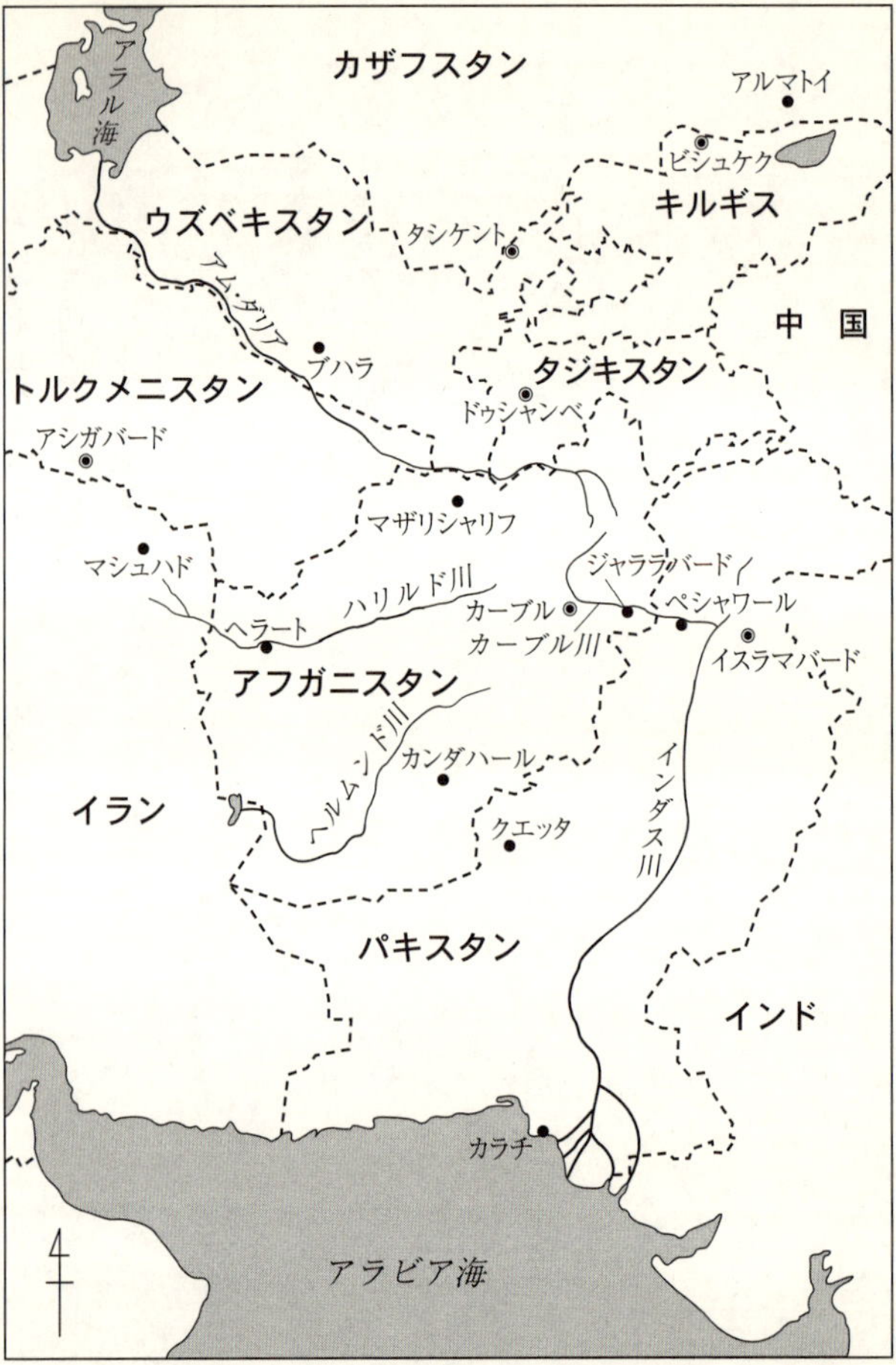

カザフスタン
アラル海
アルマトイ
ビシュケク
キルギス
ウズベキスタン
タシケント
アム・ダリア
中国
ブハラ
タジキスタン
トルクメニスタン
ドゥシャンベ
アシガバード
マザリシャリフ
マシュハド
ジャララバード
ハリルド川
カーブル
ペシャワール
ヘラート
カーブル川
イスラマバード
アフガニスタン
ヘルムンド川
カンダハール
インダス川
イラン
クエッタ
パキスタン
インド
カラチ
アラビア海

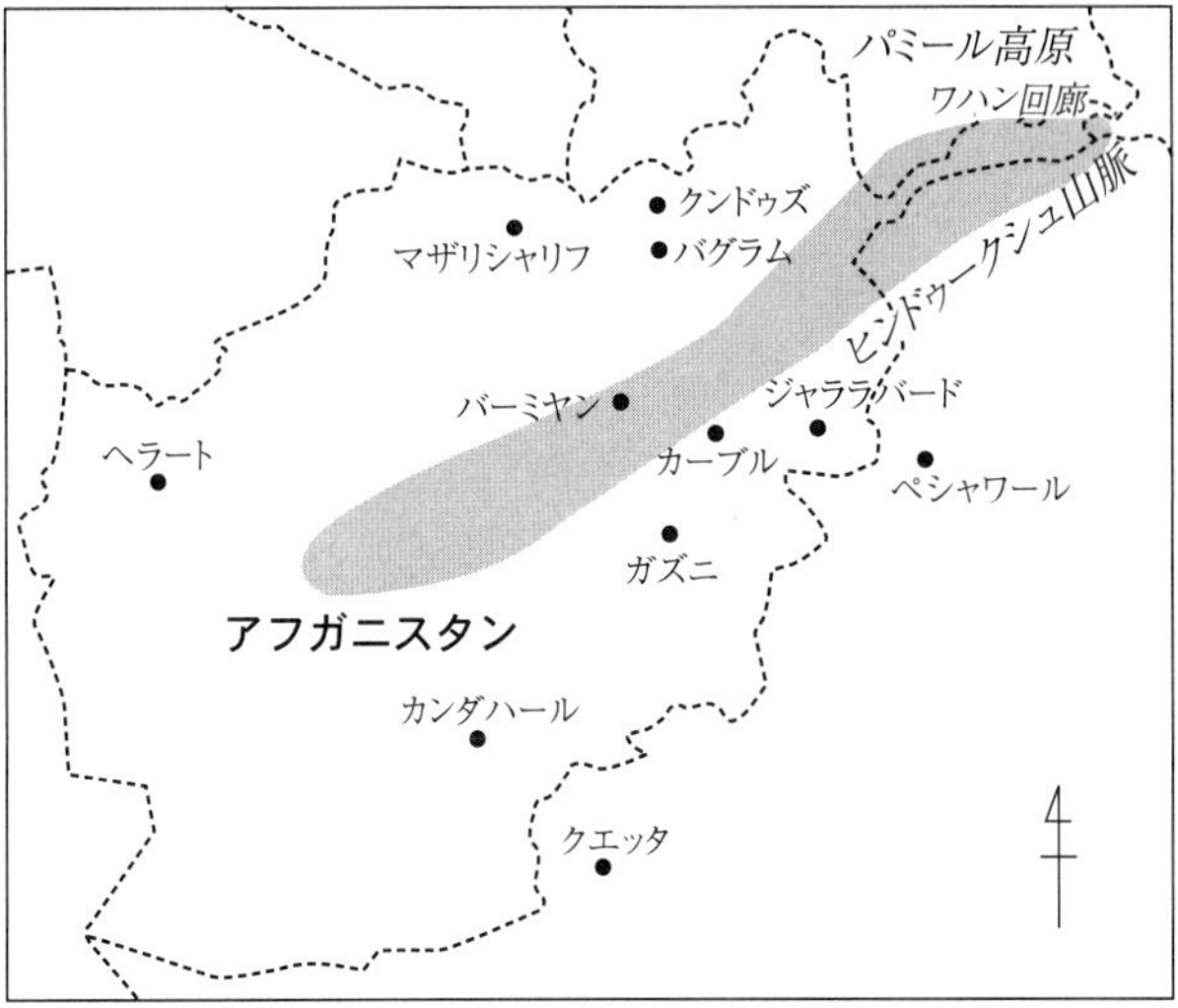
パミール高原
ワハン回廊
ヒンドゥークシュ山脈
クンドゥズ
バグラム
マザリシャリフ
バーミヤン
ジャララバード
カーブル
ヘラート
ペシャワール
ガズニ
アフガニスタン
カンダハール
クエッタ
北

【固有名詞、地名等の表記について】

本書では、国名、地名に使用されている「アフガニスタン」を、基本的には「アフガン」と表記した。正式な国名を述べる時は「アフガニスタン」を使用した。また人名、地名など固有名詞の表記については、なるべく現地語の発音に近い表記にした。しかし現地語が複数あり、長音や促音をカタカナ表記にすると、読みづらい要因にもなるため、一部表記は新聞、通信社などが採用する慣例に従ったものもある。

第1章

◆

アフガンの自然と人々

——戦乱の十字路——

ヒンドゥークシュ山脈，ラピス・ラズリの鉱山に通じる道

1　ヒンドゥークシュと「瑠璃の道」

ツタンカーメン王と薬師如来

アフガニスタン（以下、アフガンとする）の自然とそこに暮らす人々について語るには、七〇〇〇メートルを越すヒンドゥークシュの峰々についてまず触れなければならない。その山岳は、「戦乱の十字路」にふさわしい天然の要塞であり、太古の昔から人馬の往来を厳しく拒絶してきた。にもかかわらず多くの人々は、長途の遠征や交易のために、幾重にも続く峻険な岩稜に挑戦し、西方の文化を東方に、東方の文化を西方に伝えてきたのだった。ヒンドゥークシュはまさに、人と人との戦いの舞台であり、同時に、人と自然との戦いの場でもあったのである。

文化の伝達といえば、ギリシャのヘレニズム文化が、インド、中国を経由して日本に伝わった事実はよく知られている。この場合、ギリシャは情報の発信地であり、日本は最終的な情報の受信地であった。つまりアフガンは中継地に過ぎなかったということになる。しかし、これから紹介する例は、アフガンがまさに情報の発信地であり、エジプトと日本がともに最終的な受信地であったことを示している。アフガンからエジプトに伝わったのは「ツタンカーメン王」に関する事象であり、日本に伝わったのは「薬師如来」に関する事象であった。それはアフガンの大自然が、人類の歴史をはるかに越える長い年月をかけて、ヒンドゥークシュの山岳に醸成した珍しい物質であった。では、アフガンが発信したものとは、いったい何だったのか。

ツタンカーメンは、今から三三〇〇年余り前の紀元前一四世紀頃、古代エジプト王、ファラオとして短い生涯を送った人物であった。彼は一八歳という短命で亡くなり、王としての治世は九年間に過ぎなかった。ところが彼の名は、巨大なピラミッドや神殿を造営し権勢を誇ったどのファラオよりも有名になり、歴史に刻まれることになった。というのは、ナイル川流域ルクソールの「王家の谷」で見つかった彼の墓は、盗掘の被害を受けない唯一の王墓であったからである。多くの埋葬品が発見されたが、なかでも眩いばかりの「黄金のマスク」は、その時代の装飾技術と芸術性の高さを示し、人々を驚嘆させた。

一方、ツタンカーメンの死から九〇〇年が経った紀元前五世紀頃、インドの大地に仏陀が生まれた。生まれながらに言葉を発したと伝えられる仏陀の教えは、人々の心をとらえた。その後数百年を経て体系的にも整えられ、仏教思想としてインドをはじめアフガン、スリランカなどに広がっていった。その教えは二世紀頃になると大乗仏教という形にモデルチェンジし、さまざまな仏陀が生まれることになった。

六世紀に日本に伝えられた仏教では、宇宙には東西南北に四つの「仏の世界」、いわゆる「仏国土」が存在するとの「宇宙観」を採用し、東に薬師如来、西に阿弥陀如来、南に釈迦如来、北に弥勒菩薩が存在するとした。その中の一つ薬師如来は、東方浄土を治めるだけでなく、現世で病に苦しむ人々を助ける力を持つとされ、これが「薬師」という名前の由来とされている。

このように両者を比べてみても、エジプトのファラオと、日本の薬師如来との間には、あまりにも隔たりが大きく、何の関連性も見えない。ところがたった一つ、アフガンの自然が生み出した産物が、両者の時空の隔たりを見事に結びつけているのである。

東西を結ぶ貴石

アフガンを仲立ちとして、エジプトと日本を結び付けるもの。それは、日本語では「瑠璃《るり》」と称され、中世ラテン語やヨーロッパ諸言語で「ラピス・ラズリ」と呼ばれる石である。この石は、ダイヤモンドやルビーのような透明性の高い「宝石」には属さないが、深みのある紺紫色が放つ神秘的色彩によって、宝石専門家らは「貴石」という範疇に分類している。石には黄鉄鉱が含まれるので、青い石に金が混じった外見を示し、「青金石」とも呼ばれる。瑠璃は、金、銀、珊瑚《さんご》、瑪瑙《めのう》などとともに「七宝《しっぽう》」の一つにも数えられている。この石が採れる場所は、世界でただ一か所、アフガンの北東部にあるバダクシャン地方の奥深い山岳地帯に限られていた。古くはバクトリアとも呼ばれた地域である。

それでは、ラピス・ラズリが、ツタンカーメン王とどのような関わりがあったのだろうか。ツタンカーメンの墓が、イギリス人の考古学者ハワード・カーターによって発見されたのは、一九二二年であった。墓の中から見つかった埋葬品の「黄金のマスク」の眼の部分に、ラピス・ラズリがはめ込まれていたのである。また棺の周辺からは、魔よけのスカラベと呼ばれる彫刻(昆虫のタマオシコガネをデザインした彫り物)が一四〇個ほど見つかったが、そのほとんどはラピス・ラズリに彫刻をほどこしたものだった。ラピス・ラズリが見つかったことは、当時も現在も学術的には重要視されていないようである。というのは、古代エジプトの遺跡からは、多くのラピス・ラズリがすでに見つかっているからである。古いものは紀元前三〇〇〇年頃の遺跡からも発見された。

しかし、アフガンという視点から眺めると、このラピス・ラズリの発見は、特別な意味を持ってくる。世界でただ一か所、アフガンから採掘される貴重な石が、古代エジプトで使われていた事実をどう考えるか。まず、今から五〇〇〇年以上の昔に、ヒンドゥークシュの山の中で、ラピス・ラズリを採掘する人々の集団が存在したことは間違いないであろう。その人々は、ラピス・ラズリが貴重な石であるとの認識を持ち、同時にこの石を西方の世界に売りさばくことができると考えていた。また採掘に携わった人々は、国家形態は持たないにしろ、指導者を中心とした集団を形成していたと考えられる。そのような指導者による統率がなければ、多量の石を採掘し、かつ「輸出」することはできないからである。さらに、ラピス・ラズリを三五〇〇キロも西方のエジプトまで運搬する人々が存在した、という事実も十分推論できる。このようにして論理を発展させてゆくと、内陸国のアフガンとエジプトを結ぶ陸上ルートが、紀元前三〇世紀頃から存在していた、という仮説が成立する。

「瑠璃の道」と「絹の道」

私はそのルートを「瑠璃の道」と名づけた。つまり「シルク・ロード」(絹の道)より少なくとも二八〇〇年以上も前に、「瑠璃の道」が作られ、紀元前二世紀に絹の道が誕生するまでの長期間、重要な東西交通路として存在していたということである。

「絹の道」という言葉を初めて使ったのは、ドイツ人歴史学者フェルディナンド・フォン・リヒトホーフェンである。一八七七年に著した『中国』という著書に、ドイツ語で「ザイデン・シュトラーセン」(絹の道)と記した。さらに「絹の道」を研究したドイツ人アルベルト・ヘルマンは、一九一〇年、『中国とシリアを結ぶ、古き絹の道』を出版し、その中で「絹の道が出現したのは紀元前二世紀末になってからである」とルート開設の時期を初めて特定した。

絹の交易よりも、瑠璃の交易の方が断然古かったという事実から見て、絹の道はいわゆる「新道」であり、瑠璃の道は「旧道」と表現することができよう。そして絹の道よりはるか昔から

「東西交通が行われていた」のである。

中央アジアのアフガンに発し、メソポタミアで南北に分岐した道は、北のギリシャ方面と、南のエジプト方面に向かった。今から五〇〇〇年も前に作られた世界最古の「ユーラシア・ハイウェー」とも言えるのではなかろうか。

新しい如来の誕生

次に、瑠璃と薬師如来との関わりについて見てみよう。薬師如来は、正式には「薬師琉璃光《るりこう》如来」と呼ばれている。つまり薬師如来には、貴石を示す「瑠璃(琉璃)」という言葉が付けられている。なぜ貴石の名前が、仏陀の一人に冠せられたのだろうか。その疑問を解くためにはいくつかの事実関係を確認しておかなければならない。その第一は、これまで述べたように、瑠璃は仏陀の誕生よりもはるか以前から採掘され、存在していたという点である。第二は、瑠璃が普通の石ではなく、当時としては、その希少性から金をも上回る貴重な宝物として特別な価値が認められていた点である。エジプト、ギリシャ、メソポタミアの西方諸地域の支配者は、東方から届いた高価な瑠璃に、邪悪を振り払う不思議な力が宿っていると信じていた。また仏僧たちは、この瑠璃を見つめることによって精神の集中が図れると見なしていた。そして第三は、仏教徒が瑠璃の粉末を薬や顔料として珍重していた点である。実際、瑠璃に含まれる成分が精神の安定をはかるとして、中世ヨーロッパでも使用されてきた。実際に証明されているか否かは別にして、「効能がある」と当時の人々に認知される状況が、仏教以前に存在していたのは事実である。

それでは、釈迦如来のほかに、なぜ薬師如来という役割が必要だったのだろう。当時の人々にとって、死後に極楽浄土に行くことも大事ではあった。しかし、いま患っている病気や怪我をどうやって治すことができるか、という問題の方が人々にとってより切実ではなかったか。このような状況を背景にして、仏陀の中にも医療専門家の存在を設ける必要が生じてきた。新たに作られた仏陀の名前を、わざわざ「薬師瑠璃光如来」としたのは、そうした事情があったからである。薬師如来は、まさに医師であり、薬剤師であり、心の闇を取り払うカウンセラーでもあった。そして当時、瑠璃が貴重な薬として珍重されていたことや、磨かれた瑠璃が放つ光に病魔を追い払う力があると、圧倒的多数の人々が信じていた状況から見て、仏教界としても瑠璃の役割を無視することはできなかったであろう。

一六年間にわたるインドへの旅を成し遂げ、多くの仏典を持ち帰った玄奘三蔵《げんじょう》が翻訳した経典に「薬師琉璃光如来本願《ほんがん》功徳経《くどく》」があった。当時、玄奘のもとには日本人僧侶、道昭《どうしょう》が留学していた。彼は玄奘の信頼が厚かったので、この経典を日本に伝えた一人ではないかと見られている。誰が伝えたにしろ、アフガンに誕生した瑠璃は、経典の名前だけでなく、いくつかの経文の一節にも使われ、六世紀以降、次々と日本に渡ってきた。

日本では仏教伝来の後、各地に薬師如来を本尊とする寺が相次いで建立されていった。これまで仏教の伝来といえば、インド、中国、日本の関係だけが主に注目されてきた。その中にアフガンを加える人は少数である。しかし国宝であれ、「お薬師さま」であれ、薬師如来像を眺める時、私たちは瑠璃の光が放ち続けてきた「アフガンの存在」を忘れてはならないだろう。

ヒンドゥークシュ

それにしても五〇〇〇年の昔から、瑠璃が掘り出されてきたバダクシャン地方の採掘現場とは、どんな所だろう。その位置は、カーブルから北々東約四〇〇キロ、万年雪を頂いた岩峰が屹立《きつりつ》するヒンドゥークシュ山脈のほぼ中央にある。カーブルからの道は、パンジシール渓谷を上流までさかのぼった後、中国方面へ向かう古代山越えの道、アンジュマン峠(三八五八メートル)を越えなければならない。採掘場は、さらにその先にあるコクチャ川の渓流を北上し、通称「サレサン谷」と呼ばれる切り立った谷の入口付近に存在している。この付近一帯には片麻岩や大理石が露呈する峡谷が一〇キロほど続き、その一角に瑠璃の鉱脈がある。ここに車で近づくことは不可能であり、掘り出された瑠璃はすべて人とロバによって山を、峠を、谷を越え、外の世界に運び出される。

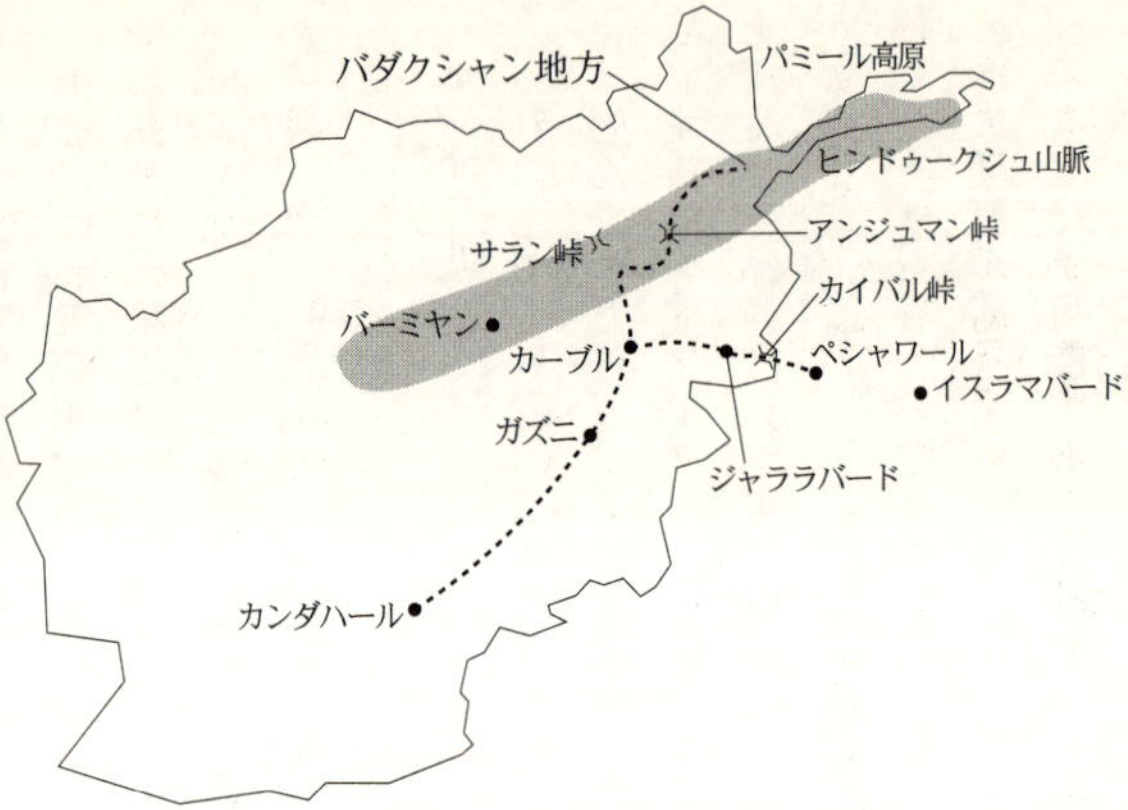

ヒンドゥークシュ山脈と瑠璃の採掘場

それにしても、この険しい山の中に、どうして瑠璃が誕生したのだろうか。人工衛星から見たアフガンの地形を眺めると、西から東に伸びるいくつもの山系が、ワハン回廊と呼ばれる北部に集まり、皺《しわ》のように盛り上がっているのが分かる。地質学者らによると、インド大陸がユーラシア大陸にぶつかって、ヒマラヤ、カラコルム、パミールの三つの山脈を作った。その延長として西側に形成されたのがヒンドゥークシュ山脈である。したがって典型的な褶曲《しゅうきょく》山脈である。この険しい山岳地帯には、ラピス・ラズリ以外にも、ルビー、サファイヤ、エメラルドなど宝石類を産出する地域がいくつか点在している。大陸のプレート同士がぶつかり合い、巨大なエネルギーによって宝石やラピス・ラズリが作られたのである。またこの衝突は、アフガン北東部に地震を頻繁に引き起こす要因にもなっている。

さて、ヒンドゥークシュという名前の由来については、三つの説がある。暑いインドから中央アジアの奴隷市場に運ばれたインド人が、希薄な空気と寒さのためにこの山で死亡したことから、「インド人殺し」という意味であるという説。単に、この山を境にして、南北をインド側と非インド側とに分ける呼称であるに過ぎないという説。古代トルクメン語で「水の山々」という呼称から由来したとする説などである。いずれにしても、この名前が使用されたのは、さほど古くはなく、一四世紀頃からで、モロッコ生まれの探検家イブン・バトゥータが中央アジア、インド、中国を旅した際の記録に、初めてヒンドゥークシュの名前を記している。

ヒンドゥークシュと呼ばれる前は、「パロパミサス」と呼ばれていた。ヒンドゥークシュ山脈の西にある支脈を現在でもパロパミサス山脈と呼ぶ場合もある。パロパミサスとはギリシャ語で「鷲が飛ぶよりも高い地」という意味で、紀元前四世紀のアレクサンドロス大王の遠征記に、すでにパロパミサスの名前が登場している。また一五九五年、アブラハム・オルテリウスが『アレクサンダー大王の支配地域』として、マケドニアからインドに至る全地域の地図をラテン語で表したが、その地図には山脈だけでなく、南側の広い地域についてもパロパミサスと記入されている。つまり一四世紀から一六世紀にかけて、二つの名前が共存していたことになる。

ヒンドゥークシュ山脈には、確かに鷲やハゲタカが多い。山脈に棲息する野生の羊や駱駝、小動物が豊富だからで、抜けるような青空高く数十羽の鷲がグライダーのように上昇気流に乗って旋回する光景を何回も見た。動物だけでなく、戦乱で死んだ人間の屍を鷲がついばむ光景を、昔の人々は日常の一場面として目撃したはずである。実際に、イランからこの地域にかけては、今なお鳥葬の習慣があり、これはインド北部のラダックやチベット、ネパール中西部などでも残されている。

「山国」アフガニスタン

アフガンは国土のどのくらいの地域が山岳地帯で覆われているのだろうか。ここでアフガンの国土について、全体的に眺めてみよう。まず面積は約六五万平方キロもあり、日本の約一・七倍の広さがある。これはフランスよりも幾分大きく、トルコよりは小さい。

この国の自然の特徴を言い表すならば「山国」ではないだろうか。山国といえば日本を指す言葉でもあるが、日本は山国であると同時に四方を海に囲まれているため島国でもある。これに対しアフガニスタンは周囲をすべて陸地に囲まれた「内陸の国」である。しかもその国土の九〇パーセント近くが山岳もしくは高原で占められている。アフガニスタンの山々は幾つかの山脈から形成されている。その主脈は、中央アジアのパミール高原から西に伸びるヒンドゥークシュであることは既に述べた。この山脈がいくつかの支脈に枝分かれする形は、ちょうど一枚の「木の葉」に似ている。葉と枝との付け根に当たる細長い部分がワハン回廊と呼ばれている地域で、瑠璃が採掘されるバダクシャン州はワハン回廊にある。標高七〇〇〇メートルの高峰が一〇座も連なって聳える地域は、ワハン回廊の中央部から中国、パキスタン寄りの東側で、その最高峰はパキスタン側のティリチ・ミール峰(標高七七〇八メートル)であるが、第二位の高峰ノシャック(標高七四九二メートル)はアフガニスタン領内にあり、同国で一番高い山である。

乾燥気候と水系

国土の大半が山岳地帯で占められているアフガニスタンは、気候の面でもいくつかの特色を持っている。一つは、年間を通して内陸性の乾燥した気候が続き、一時期を除いて雨がほとんど降らないことである。雨が降る時期は、一〇月から五月までの半年間で、年間総雨量はカーブルで三〇〇ミリ前後、南部のカンダハール、西部のヘラートでは二五〇ミリ程度である。この雨量は日本の一〇パーセント程度しかない。

こうした乾燥気候の土地に暮らす人々は、どこから水を得ているのだろうか。ヒンドゥークシュ山脈から流れ出る雪解け水が、人々の命を守る唯一の水源である。ヒンドゥークシュを源とする河川は数多くあるが、その流れる方向によって四つの主要な水系に分類されている。①

アム・ダリア、②ヘルムンド川、③ハリルド川、④カーブル川を中心とする水系である(目次裏の地図参照)。

アム・ダリア水系は瑠璃の産地ワハン回廊を源流とし、ヒンドゥークシュ山脈の北部を西に向かって流れる。総延長は二五〇〇キロにものぼり、最後はアラル海に到達する。「アム」とは流域にあった古代都市の名前で、「ダリア」はペルシャ語で川を意味する。中央アジアの二大河川の一つで、古くはオクサス河、ジェイフン川とも呼ばれた。ソ連が崩壊する一九九一年までは、ソ連とアフガニスタンとの国境線になっていたが、いまはタジキスタン、ウズベキスタン両国とアフガニスタンとの国境線になっている。

ヘルムンド水系は、アフガン中央部から南西方向に流れ出て、アフガン中央部の穀倉地帯を経由したあと、国境を越えてイラン領内の湖にたどりつく。下流に広がる砂漠地帯では年間を通じて乾燥した気候が続き、特に六月から八月にかけては最高気温が摂氏四〇度を上回る。人間の生活を許さない厳しい自然環境であり、この砂漠地帯は「死の砂漠」と呼ばれている。

カーブル水系は、ヒンドゥークシュ山脈の中央部から東に流れ、首都カーブルを通過したあと、パキスタン領内でインダス川に合流する。この水系だけが海に流れ、他の三つの水系は内陸の湖に流れるか、乾燥地帯でワジ(尻無川)となり自然消滅する。

2　多民族社会とイスラム

不確かな人口

アフガンでは、全国規模での国勢調査が実施されたことは過去に一度もなかった。従って人口に関する数字のすべてが推測の域を出ていないのである。この事実は意外に知られていない。しかもマスコミが、外国政府や国際機関の数字を引用して報道してきたため、「人口は二千数百万人前後」という見解が、あたかも根拠ある数値として一人歩きしている。

アフガンの人口についての私の認識は、第一に、正確な人口は、現在はまったく不明であること。第二は、アフガンに関係してきた外国政府、国際機関、人道上の援助団体などが、それぞれ政策遂行上の観点から、意図的に数字を算出してきたこと。時として数字を操作したと指摘する専門家もいる。第三は、人口は、従来語られてきた数字より、意外に少ない可能性がある、などである。

人口について発表しているのは、国連はじめ、米国、各種の援助団体、マスコミなど一〇以上の機関にのぼるが、その数字は驚くほどまちまちである。米中央情報局(CIA)がウェブサイト上などに発表してきた数字を眺めると、二〇〇二年七月時点での推定人口は、二七七五万五七七五人となっている。これより一年前に公表した前年同期の数字と比較すると、一年間になんと九四万人余りの人口が増えた計算になる。一桁台の数字まで記しているこの統計は、何を根拠に計算されたか、まったく不明である。さらに一年間の人口増加分についても、出生率、死亡率などを係数として掛け合わせ、算出したものと見られる。同じ米国でも、ナショナル・ジオグラフィック協会が採用している数字は、二五八二万五〇〇〇人で、CIAより約二〇〇万人も少ない。こちらは、端数も出していないし、五〇〇〇人というユニット(最小の単位)で人口を推計している。これとは別に米商務省が発表した一九九八年現在の人口は、二四七九万二〇〇〇人となっている。これら三つの数字を眺めて言えることは、ナショナル・ジオグラフィック協会も商務省も独自の数字を公表し、情報機関CIAの数字を容認していない事実である。

ここで米国や国連の数字に共通している特徴を指摘しておこう。これらの数字は、いずれも過去から現在にかけて、毎年平均的に人口が増加してきた傾向を示している。はたしてそうだろうか、というのが私の疑問である。激しい戦乱のアフガンで、ほぼ平均的に人口が増えてきた、とはとても考えられない。アフガンには人口に関する不思議な魔術が存在する。なぜそのような計算結果になったのだろうか。国際機関で働く職員にこの点を質してみたところ、「軍事援助をはじめ、経済援助、人道援助の面から見ると、人口が多い方が予算を請求する上で都合がいい。そのせいではないか」という答えが返ってきた。敵の数が多いほど、兵員や武器弾薬などの予算も補給数も増える。難民の数が多いほど、メディアが伝えるニュースの価値が上がり、救援物資の数も増えるという。このように政策遂行上の理由から、実態を示す数字が、どうしても大きめにカウントされてきた実情がある、と言えそうである。

戦乱に明け暮れたアフガンの歴史を見れば、この二〇年間、人口は幾分減少もしくは横ばい状態にあると推測するのが自然である。人口減少を示すのは、次のような理由からである。まず、ソ連軍がアフガンに駐留した一〇年間に、多数の男性がムジャーヒディーン・ゲリラとなってソ連軍と戦い、命を落としていった。出生率は抑えられ、かつ男性の死亡率が高まった。ソ連軍の撤退後は、相次ぐ内戦によって戦死者が続出し、人口の低下はさらに持続したと見られる。しかもここ数年は、戦乱に加えて旱魃《かんばつ》が、人口減少を加速させた。栄養失調と医薬品の不足は、乳幼児の死亡率を高めた。こうして見てくると、人口が増加する積極的な理由、つまり政治的、経済的な要因を見つけることはできない。本書では、このような実態を考慮し、あくまでも暫定的な数字として、一八〇〇万から二二〇〇万人の間としておく。

正確な人口統計がないことによって、今、多方面で問題が生じている。まず国民一人当たりの所得とか、農工業生産額、国家の財政収入など、政治、経済をはじめ国民生活に直結する実態を数字として把握することができない。これは経済指標について全人口を示す「分母がない」ことを意味している。そこで国連、米国、そして国際援助団体も、それぞれの活動に見合う「都合のいい数字」を人口についての「仮の分母」として採用することになったのである。アフガンの移行政権が樹立し、国家再建に向かう過程で、有権者の数をどのようにして把握するかなどを含め、正確な人口統計の重みがますます増えてくるであろう。

イスラム教とスーフィー神秘主義

次にアフガンの民族集団の構成と分布を眺めてみよう。「民族」という概念には複数の意味があるが、本書では、言語、宗教、居住地域、身体的な特徴、社会的な同一性(アイデンティティ)などの諸要素を共有する集団と定義しておく。最近、英語の「エスニック・グループ」を「民族集団」と訳す場合もある。

これらの諸要素を基準に分類すると、アフガンの民族集団の数は二〇以上にものぼる。そのうち人口数で多数を占めるのは次の一〇集団である。①パシュトゥーン、②タジク、③ハザラ、④ウズベク、⑤トルクメン、⑥カザック、⑦キジルバッシュ、⑧ヌーリスタン、⑨バローチ、⑩キルギス。このうち、パシュトゥーンは全人口の約四〇パーセントを占め、タジクは二五パーセント、ハザラは一〇パーセントを占めている。⑥のカザック以下は、人口が一〇〇万人に満たない少数の集団である。人口に占める比率は、前項で述べたように、どの集団についても、

アフガニスタンの主な民族集団

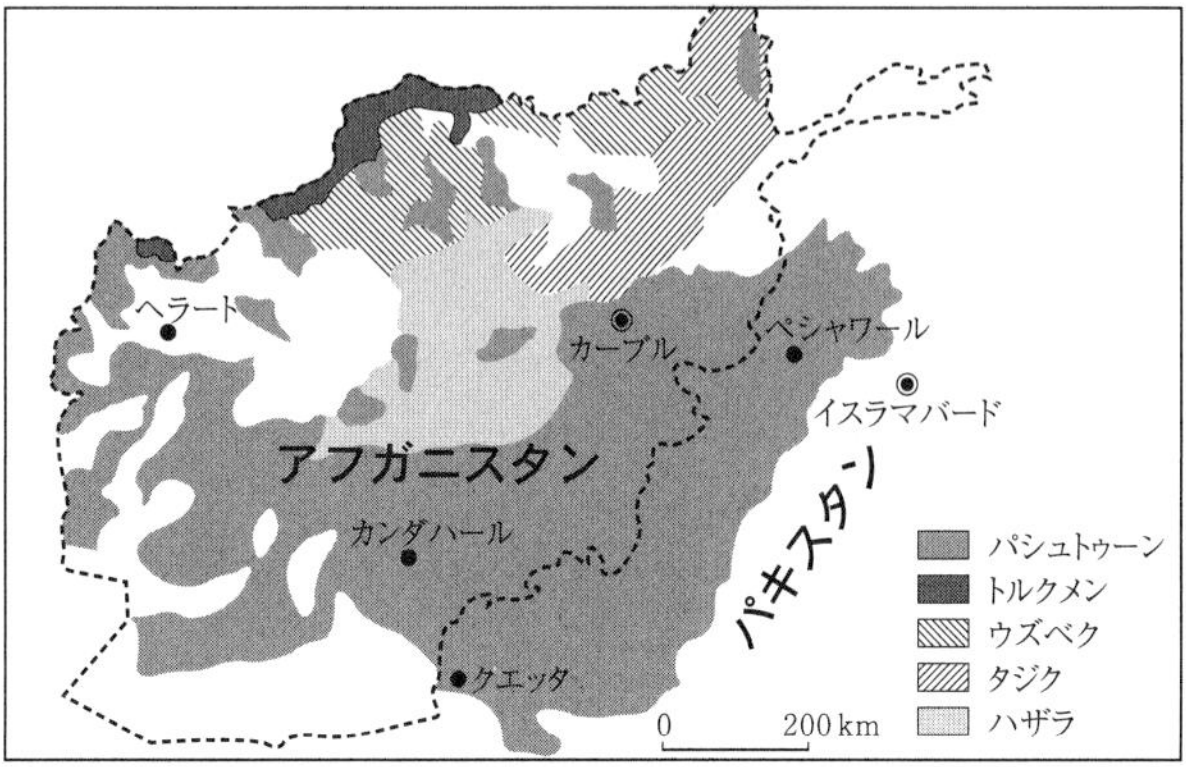

(Martin Ewans, *Afghanistan* をもとに作成)

民族	宗教(イスラム教宗派)	言語	人種
パシュトゥーン	スンニー派	パシュトゥーン語	アーリア系
タジク	スンニー派	ダリー語	アーリア系
ハザラ	シーア派	ダリー語	モンゴル系
ウズベク	スンニー派	ウズベク語	トルコ系
トルクメン	スンニー派	トルクメン語	トルコ系

極めて大雑把な推計にしか過ぎない。

アフガンの人々の宗教は、九八パーセントが、ムスリム（イスラム教徒）である。そのうち、八五パーセントはスンニー派系ハナフィー派に属している。これに対し、アフガン中央部に居住するハザラ人と、イランからアフガンに渡来したとされる西部地方のキジルバッシュの二集団は、イランを中心とするシーア派イスラムを信奉している。しかし、アフガンの人々がイスラム教徒になったのは、約一〇〇〇年前からである。アフガンでは仏教が衰退した後、インドの多神教ヒンドゥー教や、ペルシャのゾロアスター教(拝火教)、それに土俗的な宗教が混在していた。八世紀、イラクのバグダッドに、イスラム教の預言者ムハンマドの血を引くアッバース朝が勃興すると、その勢力拡大に伴って、アフガンにもイスラム教が徐々に浸透してきた。このあと一三世紀に、アフガンはモンゴルの支配を受けるが、この頃相前後して、インド、トルコを中心に、民衆の間に広がっていた「スーフィー」と呼ばれるイスラム神秘主義がアフガンに入り始めた。

「スーフィー」(スーフィズム)は、一二世紀頃からイスラム圏にある各地の教団で台頭し、その数は百以上にものぼった。伝統的なイスラムの教義では、すべての教徒は宗教指導者ウラマー(ムッラー)の指示する法と教えに誠実に従うことが求められ、これによって地上に理想の社会が築かれると説いた。ところが、これらの伝統的な教えは、形式主義、律法主義に陥る傾向があった。そこで個人が瞑想や修行に勤め、禁欲的な生活を実践すれば、神との結びつきを得ることができると説いたのが、スーフィー教団だった。彼らによると、修行を積んだスーフィーの行者は、水上歩行や空中移動ができるとされ、そうした超能力が神秘主義と呼ばれる要因となった。解脱や悟りを目指すヒンドゥー教のヨガや仏教の修行などから、思想的な影響を受けたとされる。伝統的なイスラム教が「外部世界の探求」であるのに対し、スーフィーは「個人の内面世界の探求」を目標としていたため、民衆には分かりやすく、イスラム圏に広く流布していった。

アフガンに広まったスーフィーの中で、大きな影響力を持ったのは、一六世紀のインド、ムガル王朝の時代に勢力を広げた三つの教団であった。①ナクシュバンディー教団、②カーディリー教団、③チシュティー教団である。ナクシュバンディー教団は、一二世紀後半、中央アジア、ウズベキスタンのブハラで創設され、一六世紀にインドに進出した。この教団は厳格なシャリーア(イスラム法)の遵守、スンニー派の修養の方法を採用した反面、スーフィー各派が提唱した勤行を禁止した。また黙唱によって神との合一を目指すほか、政治に積極的に参加することを求めた。この教団は、インドのほかに、アフガンではカーブルやマザリシャリフなどに神学校を作ったが、アフガンが内戦状態に陥ると、同じ系統の神学校がパキスタンに移設された。これが一九九五年頃からタリバーンの出現をもたらす母体にもなった(第四章参照)。

バグダッドで創設されたカーディリー教団も、やはりインドやアフガンに勢力を拡大したが、当時の支配階級から一般のムスリムに至るまで、最大の影響力を持ったのは、一二世紀に創設されたチシュティー教団であった。この宗派は、もともとアフガン西部ヘラートの東にあるチシュティー・シャリフで創設され、その後、デリー南西のアジメールに教団を建設した。これ以来、絶大な影響力を持つようになり、アフガン西部にはこの宗派の寺院や神学校が数多く作られた。これら三つの教団は、ともにインドを本拠に活動を広げ、相互に交流を持ち、アフガン方面にも支持者を広げた。

スーフィーの神秘主義の登場は、当初、正統派イスラムの指導者であるウラマーから、邪教であると敵視される関係にあったが、アフガンではすべてのスーフィー指導者がウラマーと呼ばれ、正統派イスラムとの協調的な関係が作られたのが特色である。

最大勢力パシュトゥーン

次に、アフガンの民族の中で最大の勢力であるパシュトゥーン人の社会について眺めてみよう。彼らが使用する言語や身体的な特徴などから、人種・言語的にはインド・アーリア系(コーカソイド)に属し、紀元前二〇〇〇年前後に西アジアから移動して来た民族と考えられている。このアーリア系民族の子孫の中に、ペルシャ王朝やモンゴルなどの血が流れ込んだ。しかし各民族が、どのようにして集団を形成、維持してきたかを資料などによってさかのぼることができるのは、せいぜい今から三〇〇年ほど前までである。

パシュトゥーン人は、外部からの強力な支配者から逃れる手段として、アフガンとパキスタンの国境線付近に広がる山岳地帯を有効に使っていた。外部の強い敵からの圧力が加わると、険しい山の中に逃げ込み、圧力が弱まると山から平原に戻る、という行動を何回も繰り返してきた。このような行動パターンは、アフガンの支配を目指したイギリスに対する三度のアフガン戦争や、ソ連軍侵攻の際にムジャーヒディーンとしての山岳におけるゲリラ戦などでしばしば見られた。そうした彼らの行動形態を目撃した植民地インド時代のイギリス人は、パシュトゥーン人を「パターン」と呼び、「山の民」と定義したこともあったが、これはパシュトゥーン人の中の一部の山岳部族を称したに過ぎない。いずれにせよ彼らの原住地は、アフガンとパキスタンとの国境付近の山岳地帯とその周辺にあったのは事実である。一八世紀に入ると、彼らの活動範囲は、山岳地帯から平原部にも拡大し、アフガンの中央部や西部、さらには北部にも進出して行った。このためパシュトゥーン人は、ほぼアフガン全土に広がって点在し、今日では、他の民族よりも広範囲に分布するに至っている。

使用言語のパシュトゥーン語(パシュトー語)は、インド・ヨーロッパ語族のイラン語派に属する。この言葉は、イランで使用されているペルシャ語と、インド、パキスタンで使用されている諸言語の双方から大きな影響を受け、特に単語についてはペルシャ語、アラビア語などと共通するものが多い。これはイスラム教の影響による。このため文字もアラビア語のアルファベットを基本とし、これにいくつかの文字を追加して使用している。

パシュトゥーン人はアフガン国内で約八〇〇〇万人前後と見られているほか、国境を越えたパキスタン領内にも約六〇〇〇万人が住み、またイランにも約五万人が居住しているとされる。従ってアフガンとパキスタンの両国にまたがって合計一四〇〇〇万人強が住んでいる計算になる。

ただしこの数字については、前にも述べたように詳しい調査統計がないので推定値に過ぎない。その集団は、居住地域、方言、指導者の家系などによって、さらに四〇以上もの小集団(サブ・グループ)に分かれている。しかもその一つ一つが、さらにまたいくつかの小集団に細分化されている。こうした複雑で重層的な集団の構成は、世界でもあまり例を見ない。

パシュトゥーン人を居住地から分類すると、アフガン－パキスタン国境に沿って走るスライマーン山脈を挟んで、その東西に二つずつ、計四つの大きな集団が存在している。山脈の西側、つまりアフガン国内に住む集団には、①「ドゥッラーニー」(または「アブダリ」)と、②「ギルザイ」と呼ばれる二つのグループがある。

一方、山脈の東側は、①平原部に定着している集団と、②山岳部に居住する集団とに分かれる。このうち平原部に定着している集団には、ペシャワール周辺などに居住する「ユースフザイ」など五つの小集団がある。また山岳部の集団は、約三〇余りの小集団に分かれる。こうした平原部および山岳地帯の集団の中には、さらにまた小さな集団に分かれているものもある。また一つの集団でありながら、国境線をまたいで集団としての居住地域を持つグループも存在し、国境や国籍によって集団を区別することは不可能である。後に述べるように、パシュトゥーン人の居住地域は、もともとアフガンとパキスタンの両方にまたがっていた。そこにあとから国境線が引かれ、人為的に居住地が分断されたのである。

パシュトゥーン・ワリーとジルガ

大小さまざまな集団の集合体であるパシュトゥーン人社会では、農耕、牧畜の土地や水を巡る争いが絶えず、力による略奪と復讐が繰り返されてきた。そうした紛争を調停するための知恵としてパシュトゥーン人が作り上げたのが、「パシュトゥーン・ワリー」と呼ばれる集団内のルールである。これは一種の社会規範で、パシュトゥーン人同士が争った時に、対立する両者を裁定、あるいは調停する法の役割を果たしたと同時に、パシュトゥーン人の生き方をも規定する行動の指標でもあった。特にアフガンに侵攻したソ連軍に対し、ムジャーヒディーン戦士として戦った時は、「人は何のために戦うか、どのようにして戦うか」を教える精神的支柱の役割を果たした。

この規範は日常の行動を律するという点では、イスラムの戒律と同等、場合によってはそれ以上に強い拘束力を持っていた。またパシュトゥーン人の男たちは、日本の江戸時代の武士道やヨーロッパの騎士道と同じような信条と信念を持つことが名誉とされ、来訪者へのもてなし(メルマスティア)や、復讐(バダル)、外部の集団から追われた逃亡者の庇護(ナナワティ)などが重要視された。パシュトゥーン人を中心としたタリバーンが、国際テロリストのウサマ・ビンラーディンをかくまった背景には、こうした「パシュトゥーン・ワリー」があったからだ、とする見方もある。

このようなパシュトゥーン人社会では、対立や紛争を調整し、組織全体の利害や方向を決めるために、「ジルガ」と呼ばれる長老らの会議の場を設けた。アフガンの新たな政治体制を作る流れの中で、国会に相当する立法機関として「ロヤ・ジルガ」(国民大会議)が設けられたのは、パシュトゥーン社会の伝統に由来している。このジルガには、集団によっては成年男子のすべてが参加できる場合もあり、最終的な決定権は経済面、武力面での有力者が力を持つこともある。このためパシュトゥーン人の社会構造は、最高権力者を頂点としたピラミッド型ではなく、台形型の社会と見なすこともできる。しかしソ連軍の侵攻から始まった内戦状態の結果、パシュトゥーン人の多くが戦士や難民として居住地域を離れ、パシュトゥーン・ワリーやジルガといった伝統的な慣習と制度が変形したり、消滅したりしているのも事実である。

遊牧民の生活

戦乱の影響で、集団としての変化を余儀なくされたのは、遊牧民の生活であろう。アフガンの遊牧民は、パシュトゥーン人だけでなく、旧ソ連に属した中央アジア諸国からアフガンに流入したタジク、トルクメンなどの民族も見られる。しかしパシュトゥーン人の遊牧民は、その中でも最大の規模を持っていた。ヒンドゥークシュの山肌が下の方から茶色に変わる春の訪れに合わせて、アフガン南部の遊牧民が山麓の高地を目指して移動し始める。その集団は一〇家族くらい集まっているのが普通で、ロバ、駱駝、羊など合計数百頭以上の家畜と牧童犬を引きつれて半年間の旅に出る。一方、ヒンドゥークシュ山脈の北や西にある平野部からも、異なる民族の遊牧民が山岳地帯を目指す。彼らはパシュトゥーン人と異なり、トルコ系やモンゴル(蒙古)系の末裔である。モンゴル系の子孫たちは、現在でもモンゴルの人々が使う円形の折畳み式住居ゲル(パオ)を住まいとして使用しており、生活の隅々に今なおモンゴル文化の足跡を留めている。こうした遊牧民の数は、アフガン全体で八〇万人という見方もあれば、二〇〇万人ぐらいと推定する専門家もいるが、確かな数字は分からない。

遊牧民の経済は、駱駝、ヤク、羊を放牧しながら移動し、家畜の毛を刈って売りさばき、その収入によって、食料をはじめ、マッチ、金属容器、刃物などの生活物資を買い求める仕組みである。羊の毛はアフガン絨毯に使われ、長い戦乱の時代をくぐり抜けて、日本などにも輸出されてきた。アフガンから日本への輸出額は、一九九九年現在およそ九〇〇〇万円で、その大半は絨毯などの羊毛製品と宝石で占められている。

ところで、羊の中でも「カラクル羊」と呼ばれる羊がいる。柔らかな毛は最上の特産品として輸出され、絨毯と並ぶ重要な外貨の獲得源である。このカラクル羊と、移行政権のカルザイ大統領との関係について、次に述べよう。

3　民族のアイデンティティ

カラクル羊とカルザイ大統領

アフガン遊牧民の家族は、動物を連れて一年に二〇〇キロ以上も移動する時もある。ヒンドゥークシュ山麓に果てしなく広がる高原に、点々と散らばった何百頭もの羊や駱駝を眺めていると、時空が数千年の昔に逆戻りしたかのような感覚に陥る。短い高原の夏が終わろうとする八月末、私はヒンドゥークシュ山脈を仰ぎ見る高原で、おそらく数千年前とほとんど変わらないと思われる牧歌的な情景の中にいた。遊牧民の集団が連れている何種類かの動物の群れの中で、一番数が多いのは羊であった。だがよく観察すると、外形が普通の羊と少し異なり、短めの尾の部分が太く盛り上がっている羊を見つけることができる。「カラクル」と呼ばれる羊の一種である。普通の羊が、食肉や羊毛、毛皮のために飼育されているのに対し、カラクル羊は、極めて上質で高価な毛皮を取るために飼われている。この毛皮の特徴は、細かな渦が毛皮の表面に密集して生えている点にある。また、毛の質は、絹のように柔らかく滑らかであり、密集した毛によって保温性が格段に優れている。このため毛皮は、厳寒の地方でのオーバー・コートや帽子に使用されている。

このカラクル羊の毛皮で作った帽子をかぶり、暫定政権の就任式に登場したのが新たな指導者、ハミッド・カルザイ現大統領であった。グレーの帽子は、船体を逆さにしたような形で、このような帽子をかぶった人物は、それまでテレビ、新聞などの報道を通じてアフガンから伝えられた映像の中にはまったく存在しなかった。私は、その帽子姿をテレビで初めて見たとき、思わず仰天し絶句したのを覚えている。それは、カラクル帽を知らなかったからではなく、逆に、その帽子について多少知識があったからこそ驚いたのであった。カルザイという名前は「ザイ」の部分から、明白にパシュトゥーン人の出身であることが分かる。しかしカラクル帽は、本来はパシュトゥーン人のものではなく、タジク人など中央アジア出身者の帽子である。

カルザイ大統領(共同通信社)

この矛盾をどうやって理解したらよいのか、というのがこの時の疑問であった。「カルザイという人物はいったい何者なのだろう」と思ったのである。

しかしこの疑問はまもなく解けた。今では、「カルザイ大統領の服装の中に、多民族社会アフガンの本質が凝縮されている」と見なしている。同時に、この帽子を意識的にかぶって現れたカルザイ議長の「服装のセンス」には、民族のアイデンティティ(同一性)を必死で模索する「緻密な計算」が秘められている、と思える。

その謎を解くには、まずアフガンの歴史とカラクル羊の関係を眺めてみなければならない。カラクル羊の発祥地は、北の隣国ウズベキスタンの交易都市ブハラ周辺だというのが定説になっている。ブハラは、カーブルから北西約八〇〇キロ、つまり東京-広島間くらいの距離にあり、両者は紀元前から交流があった。ブハラは、砂漠の中のサライ(オアシス)として発展し、隊商らの中継基地としてあまりに有名である。そのブハラ周辺にいた野生のカラクル羊が、素晴らしい毛皮を作り出すことが知られたのは、紀元前一五〇〇年にもさかのぼるという。一六世紀頃になると、この貴重な毛皮は、隊商の手により一〇〇〇キロ以上離れたカスピ海方面にまで運ばれ、ボルガ川河口の商都アストラハンのスーク(市場)では、防寒衣としてロシアやコサックの金持ちたちに売られた。ロシア人はこの毛皮を「アストラハン」と呼ぶようになった。価格が非常に高い理由は、良質な毛皮に加え、独特の生産工程と製品の希少性にあった。最良の毛皮は、いささか残酷な方法で作られる。というのは、母親のお腹の中にいる胎児の毛皮が、最高の良質だと見なされてきたからである。つまり、毛皮を取るには母親と胎児の二つの生命を絶つことになるという、何とも殺生な方法であった。

陸上交易路の発達につれて、高価なカラクル毛皮は、ロシアや北ヨーロッパ諸国などに輸出され、消費量も年々拡大していった。これは必然的に生産地の拡大を促し、本場中央アジア諸国だけでなく、トルコ、イラン、中国、モンゴルへと、カラクル羊を飼う人々が広がった。アフガンでの飼育が、いつの時代に始まったかは不明であるが、中央アジアの民族がヒンドゥークシュ山脈に足を踏み入れた時期とほぼ同じ頃だと言えるだろう。そしてこの羊の飼育は、タジク人やキルギス人の遊牧民を中心に、パシュトゥーン人の遊牧民にも広がっている。

それでは、こうした歴史的背景を持つカラクル帽を、なぜカルザイ大統領がかぶることになったのであろうか。

「シンボル」としての帽子

まず普通のアフガンの男性にとって、帽子やターバンはどのような機能を持っているのか、二つの例を見てみたい。そこには民族の多様性がうかがえるからである。一つは、タリバーン政権の指導者らが頭に巻いていた黒い色の「ターバン」である。もう一つは、北部同盟の指導者アフマド・シャー・マスード司令官が日常かぶっていた帽子である。ターバンも帽子も、本来の役割は頭の保護である。乾燥地帯の多いアフガンでは、夏の気温が四〇度を上回ることがある。砂漠を横断する隊商に限らず、都市や農村の人々にとっても、強い日差しを避けるため、布を頭に巻きつける習慣があった。その巻き方と布地の色には、地方や民族によっていくつもの種類があるが、直射日光を避ける目的はいずれも共通している。

一方、二〇〇一年九月の米同時多発テロ事件の直前、自爆テロリストによって殺害されたマスード司令官は、いつも黄土色をした大福餅のような帽子を愛用していた。この帽子は「パコール」と呼ばれ、もともとアフガン東北部のヌーリスタン地方やパキスタン北部山岳地帯など、寒冷地の人々が使用していた。その役割はターバンとは逆に寒さから頭を保護することにある。帽子の素材は、古くはウールの生地を使用していたが、長い戦乱によって、ウールの入手が難しくなり、「中古の毛布」が代用されることになった。その多くが日本からパキスタンに運ばれた中古衣料である。

さて、タリバーンの黒色ターバンやマスード司令官の帽子、それにカルザイ議長のカラクル帽には、本来気候に対応する機能があった。ところが多民族社会のアフガンでは、本来の目的以上に、別の重要な機能を果たしているのである。まず、①カルザイ大統領は、マスード司令官が愛用したパコール帽をかぶって公式の場に現れたことはなかった。②マスード司令官も、カラクル帽をかぶって公式の場に現れたことは一度もなかった。ターバンを着用したこともあ

アフマド・シャー・マスード司令官

るが、多用はしなかった。③タリバーン政権の幹部らは、黒い色のターバンを愛用し、パコール帽をほとんどかぶらなかった。以上の事実は、同じアフガンの人間でありながら、三者三様の帽子をかぶっていたことになる。これらの事実は何を意味しているのだろうか。

ターバンや帽子は、自らが所属する集団の存在とそれへの帰属を内外に示す「信号の機能」を担っており、「集団としての表現」でもある。黒いターバンも、パコール帽も、サッカーや野球のチームの旗ほど鮮明ではないにしろ、帰属する集団を示す「シンボル」であり、「ユニフォーム」だったと理解することができる。

多様性と同質性

それでは、なぜこのようなシンボル、またはユニフォームが必要だったのだろう。その理由は、アフガン社会における男性の一般的な服装に関係してくる。白いターバンに、ゆったりしたズボンを着用し、ひげをのばしたアフガンの一般的な男性を見て、その出身地を当てることは非常に難しい。これを判別するには、会話を交わし言葉で判断するか、その顔立ちに残る特徴から出身民族を判断するしかない。

つまり「多様性」を特徴とするアフガン社会に、多様性とは正反対の「同質性」が一部に存在していることを示している。従って自分が所属する集団を他者に示す必要が生じているとも言える。言い換えると、マスード司令官も、タリバーンも、結果的には他の集団と自己の集団とを区別するために、自分が所属する集団の服装を、意識的、あるいは無意識のうちに着用していたことになる。このように見てくると、アフガン社会は、すべてが多様性の社会である、とは言いきれない。「一部に同質性が混在している社会」であると捉えることが妥当であろう。

さて、暫定政権の議長に選ばれたカルザイ大統領の姿は、カラクル帽に「チャパン」と呼ばれる縦縞のコートを羽織った服装だったが、そこには所属する民族が明確には見えてこない。彼の服装は、従来アフガンの政治の舞台に登場してきたムジャーヒディーンやタリバーンとはまったく異質であった。彼は、なぜターバンを巻かず、パコール帽をかぶらなかったのか。実はこの点にもまた、アフガンの多様性と同質性を示す社会の特質が浮き彫りになっている。

新たな指導者像の演出

カルザイ大統領を除いて、亡くなったマスード司令官にしても、他の政治勢力の代表にしても、すべての登場人物は、これまで繰り広げられた空しい政治劇の中で、どのようなパフォーマンスを観衆に披露したか、よく知られていた。これらの「役者」について、観衆はその立居振舞いや人物像まで、すべてを知り尽くしていたのである。これに対して、カルザイ大統領は文字どおりのニュー・フェースであり、彼のイメージは固定していなかった。

そのような状況の中で、もし大統領が、ターバンを巻いて舞台に登場したとすると、どのような印象をアフガン国内や国際社会に与えたであろうか。ターバン姿のカルザイ氏は、恐怖政治を行ってきたタリバーン政権の幹部や、地方に基盤を持つ武装勢力の代表らと外見上は何ら変わらないことになる。そして国際社会がアフガンを見る目は、「従来と似たような政治家の交代劇」として眺めたかもしれない。カルザイ大統領としては、なんとしても、「従来とは一八〇度異なる、清新な指導者」として舞台に現れなければならなかった。彼の服装の狙いは、「アフガン社会に混在する多様性と同質性」をいかに調和して表現するかであった。「彼は今までの政治家とは違う」、「まったく新しい政治家だ」という異質性を示すと同時に、他の民族が作り出した帽子をかぶることによって、「アフガン人としての同質性」を強調しようとした。

いずれにしてもパシュトゥーン人出身のカルザイ大統領が、他民族の象徴でもあるカラクル帽をかぶったことは、アフガンの人々にとっては大きな驚きであった。受け取り方によっては、北部同盟などタジク人勢力に「敬意を示す行為」とも取れたし、「対立してきた各勢力が一つになり、ともに手を携えて行こう」という連帯の表明とも解釈することができたからである。

結局、カラクル帽によって大統領が試みたメッセージの発信は大成功に終わった。イタリアの服飾会社グッチが、大統領にベスト・ドレッサー賞を贈ったほどである。大統領の映像は、テレビ画面を通じて世界中に流され、「従来とはまったく異なる人物の出現」を国際社会に強く印象づける計算が的中したのである。そこには、大衆社会に強力な影響力を発揮するメディア映像について、十分計算しつくした大統領の情報発信能力を端的に読み取ることができる。そしてその手法は、国内・国外双方に積極的に情報を発信した点でも、また映像や偶像崇拝を禁止するどころか、むしろ映像を味方につけたという点でも、タリバーン前政権とはまったく対照的であった。タリバーンが狭隘なイスラム思想によってアフガンにアイデンティティ(同一性)を構築しようとしたのに対し、カルザイ大統領は、ゆるやかで穏健なイスラム思想によって、新たなアイデンティティを模索しようとしている点でも異なっている。

ところで、同じターバンを常に頭に巻きながら、タリバーンとは色も形も違う独特の巻き方をしていた人物がアフガンに存在していた。タリバーン政権にかくまわれていた国際テロ組織の指導者ウサマ・ビンラーディンである。彼のターバンもまた、普通のアフガン男性とは異なり、中東諸国のイスラム教指導者のような印象を演出していた。本来同じイスラム教徒であるアルカーイダの指導者が、アフガンの人々と異なる衣装を着けていた。多様性と同質性が混在するアフガンで、ビンラーディンもまた、他人と自己とを区別するスタイルを採用し、彼なりの自己表現をしていたことになる。

民族のアイデンティティ

既成観念を打破し、標準的な服装から敢えて離れようと意識したカルザイ大統領と、あえて伝統の中に自らを位置づけようとしたマスード司令官の自己表現の違いは、興味深い。これは、単に二人のパーソナリティの違いという個人レベルの問題ではない。むしろ多様な民族の存在がもたらした各民族の自己主張と、その否定とも言える。

アフガンに暮らすさまざまな民族の多様性、特殊性を一元的に統括し、一つのコンセプト、あるいはフレームに入れることは非常に難しい。何かを法則性のある一定の枠にはめ込もうとすると、必ず枠に入らない要素が出てくる。これがアフガンである。つまりこの国の風土や歴史がはぐくんできた「多様性」「複雑性」のあかしであろう。

タリバーンの黒いターバンをすべてのアフガンの人々に強制しようとすると、必ず反発が生じる。逆にパコール帽も、南部の人々には強制できない。多数の民族が同居するアフガンでは、それぞれの民族が自己の存在を示すなんらかの「信号」を掲げて暮らしている。従ってパシュトゥーン人、タジク人といった民族意識がより重視され、アフガンという全体的な国家意識の形成は薄れるきらいがある。このことは「アフガンという国民意識の形成に収斂《しゅうれん》する求心作用」よりも、「個々の民族に分散する遠心作用」の方が強いことを示している。今日でも「アフガン国民」という意識は希薄であり、アイデンティティが成熟しない実情を示している。

一九世紀から二〇世紀前半にかけてアジアやアフリカでは、さまざまな国が欧米諸国による植民地支配から脱却し、独立を勝ち取っていった。こうした過程では、それぞれの国が「ナショナリズム」や「民族自立の原則」を掲げ、支配国と戦った経緯がある。

しかしアフガンの場合は、独立を勝ち得たものの、あまりにも長期間にわたって複数の外国から干渉を受け続けた。一九世紀にイギリスとロシアに翻弄されたこの国は、二〇世紀には米ソ超大国の「せめぎ合い」の舞台となった。そして二一世紀初頭には、米国で起きた同時多発テロ事件をきっかけに、米英軍の大規模空爆という軍事介入を招く事態となった。その意味でアフガニスタンの現代史は、大国による「パワー・ゲームの歴史」でもあったと言い換えることができる。

では、こうした「戦乱の現代史」をもたらした根本的な要因はどこにあったのだろうか。私の認識では、外国からの干渉という外部要因とともに、アイデンティティの形成を阻んだアフガンの多様性という内部要因も存在していると考える。

近代国家の形成を誰が、どのように阻害したのか、その具体的な歩みを次章以降で見てゆくことにしよう。

第2章

近代国家への模索(1839〜1972)

——イギリスとロシアのはざまで——

イギリス(ライオン)とロシア(熊)に挟まれて苦悩するアフガン国王

1　国家の形成と諸王朝の成立

アフガニスタンの誕生

他民族に長い間支配されてきたアフガニスタンに、初めてアフガン人の王朝が成立するのは、一八世紀になってからである。この王朝の成立こそ、現在のアフガニスタン国家の基礎であり、ルーツとなる政治・社会体制の誕生であった。王朝の成立によって、アフガニスタンという国家の存在が、当時のヨーロッパの支配者階級や貿易商人らに知られるようになったのである。ヨーロッパの国王らが学者や探検家に作らせた世界地図の上に、「アフガニスタン」という名前がようやく現れ始めるのもこの頃である。

本章では、まず一七〇七年の王朝の成立と、その後継者たちによる専制的な封建国家の変遷を辿る。そして一九世紀に入りヨーロッパ諸国が植民地獲得競争を繰り広げる中で、当時二大帝国と言われたイギリスとロシアが、アフガニスタン周辺の支配を目指して帝国主義的な覇権競争を展開したプロセスを見てゆこうと思う。特にイギリスとの三度にわたるアフガン戦争は、アフガンの人々の間に「民族の独立・自立への意識」を強く目覚めさせる過程でもあった。外国の干渉を排除し、自らの領土や国家主権について、支配階級の一部が意識し始めたということは、封建国家に代わって近代的な民族国家、あるいは国民国家の樹立を目指すということであり、アフガニスタンに初めてナショナリズムが芽生えたことを意味する。

こうした「歴史の流れ」は、同じ一九世紀中頃にあって、米国のペリー提督をはじめとする米・英・露など諸外国の使節団が相次いで来航し、その結果、封建制度下にあった江戸幕府が倒れて明治維新に至る日本の歴史的プロセスと類似しているのではないか。

三つのイスラム帝国

今日、アフガニスタンと呼ばれる地域は、一八世紀初頭までの数百年間にわたり、中央アジアに君臨してきた三つの強力なイスラム帝国の支配下にあった。三つの帝国とは、アフガン以北に展開してきたアストラハン王朝、アフガン以西のペルシャに展開してきたサファァビー王朝、そしてアフガン以東のインドに展開してきたムガル王朝である。その共通点は、いずれも広大な地域を支配していただけでなく、どの王朝の君主ともムスリム、つまりイスラム教徒であると同時に、イスラム文化を大きく発展させた権力者たちであったことである。

アストラハン王朝はトルコ系ウズベク人が築いた王朝で、現在のウズベキスタンなど中央アジアを支配し、シルクロードの要衝で国際貿易都市でもあったサマルカンドやブハラなどを大いに発展させ、繁栄していた。

サファビー王朝は、現在のイランを中心とする地域にペルシャ人が築いた強大な王朝だった。その支配はヘラートなど現在のアフガニスタン西部のほぼ全域にまで及んでいた。

一方ムガル王朝は、モンゴル系のティムール帝国の王子として生まれたバーブル(一四八三〜一五三〇年)が一五二六年、デリーのスルタンを倒して創始した大帝国である。ムガル王朝は、やがてバーブルの後継者たちによって今日のインド、パキスタンに及ぶ広大な版図を築きあげ、外国人土木技術者の粋を集めてタージ・マハルなどの壮麗な建築物を残している。

つまり一八世紀までのアフガニスタンは、これら三つの大勢力がせめぎ合う境界線の上に位置していたに過ぎない。言い換えれば、一六、一七世紀のアフガニスタンは、常にどこかの勢力の支配下に置かれていたということになる。このため今日アフガニスタンと呼ばれる地域には、アフガン独自の王朝が誕生する条件や機会はほとんど訪れることがなかったのである。そして東・西・北の三勢力が何らかの理由で衝突するたびに、この地域は各勢力が戦乱を繰り広げる戦場としての役割を負わされた。例えばアレクサンドロス大王が紀元前に東方に遠征した際に建設し、一三世紀にはチンギス・ハーンが破壊したとされる南部の古都カンダハールさえも、一八世紀まではペルシャとインドのムガル王朝の軍勢が何度も争奪戦を重ね、そのたびに古都の一部が破壊され続けてきた紛争の最前線であった。

三つのイスラム帝国が干渉し合い、ぶつかり合う構図は、その後のアフガニスタンの歴史においても大きな変化はなかった。衝突を演じるプレーヤーが三つから二つに変わっただけであった。一九世紀に入り舞台に登場した主役は、イギリスとロシアであった。この二つの主役に取って代わる国家が登場したのは二〇世紀に入ってからで、世界を二分する冷戦時代が訪れると、この地域はアメリカとソビエトという超大国のせめぎ合いの舞台になる。この構図が崩れたのは、ソビエト連邦が崩壊し、ロシアなど一五の共和国に分裂してからであった。そして二一世紀に入ると、衝突の構図は、外国勢力対国内勢力の戦いに変化した。米英軍が、タリバーン政権の打倒を目標としてアフガンへの武力行使に踏み切ったのである。つまりこの国は、過去二〇〇年近くにわたって常に外国の干渉や武力介入を受け続けてきたということになる。

しかし、だからといって、アフガニスタンの人々が常に外国の支配に屈する従属的で弱小な民族であったということにはならない。時として外国勢力に激しく立ち向かう勇猛な民族でもあった。一八世紀初頭、アフガンの人々を長らく抑え続けてきた強大な帝国をついに崩壊させる最初の事件が起きたのである。

ギルザイ王朝とドゥッラーニー王朝

一八世紀に入ると、それまで長い間この地域を支配してきた三つの帝国の国内情勢に変化が生じてきた。中央アジアのアストラハン王朝とペルシャ(イラン)のサファビー王朝が衰退し始めたのである。インドのムガル王朝もイギリスの進出などにより、次第に国運が傾き始めていた。

そうした三王朝の影響力が低下してくると、さまざまな地元の勢力の台頭が始まった。なかでも急速に勢力を伸ばしたのが、カンダハールを地盤とするギルザイ族と呼ばれるパシュトゥーン人集団であった。ギルザイ族の指導者はミール・ワイスといい、一七〇七年にそれまで忠誠を誓ってきたペルシャのサファビー王朝に公然と反旗を翻した。その理由はイスラム教に関するパシュトゥーン人の根本的な態度にかかわるもので、シーア派のイスラム教を信奉するペルシャのサファビー王朝が、スンニー派を信奉するギルザイ族に対しシーア派への転向を要求して迫害を重ねてきたためだとされる。

一七二二年、ギルザイ族の後継者らはペルシャに攻め込み、その帝都であるイスファハーンにまで進攻した。激しい攻撃によってペルシャが誇る華麗な都市はまたたく間に破壊され、荒廃してしまったという。オスマン・トルコでさえも倒すことができなかったペルシャのサファビー王朝は、アフガン人の部族集団によって実にあっけなく壊滅してしまったのである。

一方ギルザイ族の本拠地でもあるアフガン南西部には、同じパシュトゥーン人でありながら部族名の異なるアブダリと呼ばれる集団も存在していた。この集団は急速に勢力を伸ばし、一七四七年にはギルザイ族を倒すまでに力を拡大した。彼らはパシュトゥーン人の伝統に従って、誰を国王に選ぶかを話し合う大会議を九日間にわたって招集した。長老を中心とする会議で新しい指導者に推挙されたのは、部族長の一人アフマド・シャーであった。この大会議は「ロヤ・ジルガ」と呼ばれた。その由来は前章で述べたとおりである。

アフマド・シャーはカンダハールを都に定め、自らをパシュトゥーン語で「真珠の時代」という意味の「ドゥッラーニー」と名乗った。これによって部族の集団名はアブダリからドゥッラーニーに代わるようになった。一傭兵から身を立て、諸部族を統一してパシュトゥーン人の頂点を極めたアフマド・シャーは、征服欲に富んだ人物だったと言われ、二五年の短い治世の大半をひたすら領土拡大に捧げたという。

中央アジアには、かつてチンギス・ハーンのモンゴル帝国、ティムール帝国、初代皇帝バーブルのムガル帝国、ペルシャのアッバース朝など、いくつかの征服王国が誕生してきた。アフマド・シャーが築き上げたドゥッラーニー王朝は、征服王朝としては最後の王朝であった。

王朝最盛期の版図は、現在のアフガニスタン領土をはるかに上回るもので、北はヒンドゥークシュ山脈を越えてアム・ダリア流域にまで到達し、南は現在のパキスタンのカラチなどアラビア海にまで至った。東は衰退し始めたムガル帝国の首都デリーやカシミール地方にまで達し、西は現在のイランのマシュハドなどペルシャ中央部にまで及んだのであった。

こうしてパシュトゥーン人による王朝をアフガンに建国したアフマド・シャーも、長い遠征による疲労が原因で一七七二年、五〇歳で亡くなる。王朝を継いだのは息子のティムール・シャーで、国王就任後に行った政策は帝都をカンダハールからカーブルに移すことだった。その頃のカーブルは、タジク人らアフガン北部の諸部族が暮らす商業の街であったが、この遷都によって、多数のパシュトゥーン人が初めてカーブルに移り住むことになった。

二〇〇一年秋、タリバーン政権が崩壊する過程で、タジク人を中心とする北部同盟軍が米英軍を無視してカーブル進攻を目指そうとした動きがあった。その背景には、「カーブルは自分たちの街であり、その街をパシュトゥーン人の手から奪い返す」という意識が働いていたのは当然だった。

カーブルに都を移したティムール・シャーは、夏の間は首都に留まったが、気温が氷点下に下がる厳しい冬になると、カーブルから東二五〇キロほどにあるペシャワールに移動した。現在はパキスタン領であるこの街は、カーブルと同じように、中央アジア方面からインドに抜ける主要な街道に面し、古くから栄えた都であった。その理由は、海運の発達により海上交通が主流になるまでは、香料や絹、綿などインドの物資をヨーロッパに輸送する、戦略的にも重要な貿易ルートであったからである。今でこそ隣国パキスタンの一都市であるが、ペシャワールはティムール・シャーが冬の都として過ごすはるか昔から、パシュトゥーン人やタジク人を中心とする多くのアフガンの人々が暮らす国際都市だったのである。

カーブルからペシャワールに行くには、仏教遺跡で知られるジャララバードを経て、パキスタンとの国境地帯にそびえる山岳地帯に入り、カイバル峠を越えなければならない。つづら折の峠の道は、ゴツゴツした岩山に挟まれてどこまでも続く。やがて遠い地平線の先に緑の田園地帯がかすかに見えてくると、そこは水と緑に恵まれたペシャワールの郊外である。

ティムール・シャーが、かつてアレクサンドロス大王や玄奘の通ったこの歴史的な街道を、どのような思いで往来したかは、知るすべもない。しかしソ連軍の武力介入やその後のアフガン内戦によって、必死で脱出をはかった数十万人ものアフガン難民にとっては、この峠はまさに「生死を分ける厳しい道」であったに違いない。

私はその頃、数回にわたってカイバル峠を往来し、ペシャワールの難民キャンプを取材したことがある。今でも私の脳裏には、当時の難民たちの苦難に満ちた表情が焼き付いている。

タリバーン政権崩壊後の二〇〇二年夏、私は一〇年ぶりにこの古都を再訪してみた。驚いたことに、二〇年間にわたって続いてきた難民キャンプも、そしてカイバル峠からペシャワールにいたる道路周辺の光景も、すべての様相が一変していた。すでに半数以上の人がアフガニスタンの故郷に帰還し、泥でできたキャンプの住宅は多くが空き屋になっていた。

ティムール・シャーが、夏はカーブルに、冬はペシャワールに移動したのは、いくつかの理由があった。それは、反乱を起こしかねないドゥッラーニー王朝の王子たちから離れて身を置くという政治的な理由が一つである。またインドへの街道を押さえ、インダス川以東に広がる肥沃なパンジャブ地方に接近することによって、交易から生じる税金やパンジャブ地方が作り出す食料を安定的に確保する、といった経済的な理由もあった。パンジャブ地方を中心とするその頃の北インドは、ヒンドゥー教とイスラム教の要素を取り入れたシク教徒がすでに暮らしていたが、まだ一大王国を築くには至らなかった。

王朝の内紛

ドゥッラーニー王朝二代目のティムール・シャーの時代は、父親が築いた広大な領土をほぼ維持することができた。しかし一七九三年、後継者を指名しないまま国王が没すると、王朝内の紛争が一挙に噴き出した。正式な妻たちとの間に生まれた後継者候補の王子だけでも二〇人以上にのぼった。王位継承をめぐる混乱を避けるため、初代アフマド・シャーの側近であった長老によって、多くの王子が幽閉される事態となる。結局は五番目の王子ザマーン・ミルザが王位に就いた。

パシュトゥーン人社会では、こうした集団内部の紛争を解決する際に、「パシュトゥーン・ワリー」と呼ばれる伝統的な規範が適用されてきた。これは王朝の内部にあっても同様だった。パシュトゥーン・ワリーは、部族内の最高実力者である経験豊かな長老が、裁判長のような役割を担いながら、さまざまな紛争について仲裁や裁定を下す際にも用いられた。多くの場合は長老の個人的な見解や裁量も加味されて結論が導き出される。従って紛争の当事者が、長老よりも若く、身分が低い場合は、この規範が大いに威力を発揮した。しかし長老が死亡したり、その集団内での権力が分散し空白が生じたりした場合は、この規範の適用はまったく無力化したのであった。ドゥッラーニー王朝の最高実力者を誰にするかをめぐる問題も、その例外ではなかった。実力の拮抗した王子同士が、親戚を中心とする血縁的な勢力とこれを支える軍人集団などを背景に、グループの存亡を賭けて王位を決めるのである。王位が自己の手に入るか否かで、その集団の将来が決定するわけである。

裁判長のいない裁定がもともと効力を発揮し、紛争を決着に導く公算は少なかった。従って王位に就いたザマーン・ミルザの権力基盤はその出発時点から脆弱であり、幽閉を逃れた王子の何人かが、その後さまざまな陰謀をめぐらして王の座を狙うことになったのであった。こうした世襲的な専制君主国家においては、国家統合の力を弱める要因の一つは、時として政治や経済などの政策の失敗よりも、後継者をめぐる内部抗争に起因するケースが多かった。それはアフガニスタンに限ったことではない。その頃、つまり一八世紀末のアジアを眺めると、インドのムガル帝国内でも同様の内紛が発生していたし、トルコ帝国や中国の清朝についても宮廷内部の抗争が頻発していた。

宮廷の内部抗争はアフガンの政権内に政治の空白をもたらすようになった。それまでパシュトゥーン人王朝に服従を強いられてきたタジク人やハザラ人などの諸部族が、各地で頭をもたげ、特に首都カーブルから離れた地方では中央政権の支配がまったく及ばなくなる事態が生じていた。王朝内部の対立は内戦とも言えるような状況になっていた。そして広大な国土は碁盤の目が一つ一つ失われるように、地方の権力者の手に移行していったのである。

この頃アフガニスタンを訪れた何人かのヨーロッパ人たちは、内紛の泥沼に陥りつつあった当時の政情をつぶさに観察している。イギリス東インド会社の官吏ジョージ・フォスターは、一七八三年、ベンガル地方を出発して陸路イギリスを目指し、アフガンに入ったあとは、ヒンドゥークシュ山脈を越えて、ブハラに立ち寄り、カスピ海、モスクワなどを経由してロンドンに戻った。こうした旅行者の多くが各地の事情を旅行記などの形で記録に残している。彼らが収集した貴重な情報は、それぞれの本国政府に伝えられ、その後の植民地政策に反映されていった。現在に至っても、これらの記録は当時の状況を知る貴重な資料となっている。

これに対しアフガニスタンの歴代王朝も自らの記録を残したが、多くはその後発生した戦乱によって消滅してしまった。アフガン人自身の手になる資料が少ないのはこのためである。

ところで一八世紀後半から一九世紀初頭にかけてのヨーロッパも、アフガン以上に激動の時代を迎えていた。フランスでは革命が起きたあと、ナポレオンが皇帝の位に就いた。イギリスでは産業革命が起きる中で、アフリカ、中東、インド、中国など世界支配を目指す植民地政策に拍車がかかり、植民地の獲得をめぐってスペインやフランスなどと激しい競争を繰り広げていた。一方、アメリカでも激動が続き、アメリカ合衆国が植民地という地位から独立し、新しい国家として誕生した。やがてアフガニスタンに大きく介入してくるイギリスとロシアの二大勢力は、まだこの頃は、それほど目立った動きを見せていなかった。

2　外国の干渉

ヨーロッパの列強

ロシアのロマノフ王朝の関心は、フランス革命以降の激動のヨーロッパ情勢に注がれていた。皇帝ナポレオンのモスクワ侵攻(一八一二年)によって、ロシアは国力をあげて防衛戦争に立ち上がらなければならない緊迫した状況下に置かれていた。アフガンに眼を注ぐ余裕はなかった。

イギリスも、アメリカ独立戦争後の対応に追われる一方、トラファルガーの海戦(一八〇五年)でフランス－スペイン連合艦隊を破り、海外の植民地経営における海上支配権を確立してゆく。イギリスの植民地経営の最重点地域は、多くの富をもたらすインドと中国であり、その周辺地域の一つであるアフガンへの関心は相対的に低かったのである。

ドースト・ムハンマド国王

一九世紀初頭、アフガニスタンのドゥッラーニー王朝は相次ぐ内紛によって混迷が続いていたが、ドゥッラーニーの部族連合には属しながらも、王朝の主流とは異なるバーラクザイと呼ばれる家系から、部族長ドースト・ムハンマド・カーンが台頭してくる。そして一八二六年には、アフガンのほぼ全域を統合し王権を握るに至った。この王朝は、彼の名前をとってムハンマドザイ朝とも呼ばれ、一五〇年後の一九七三年、国王ザヒル・シャーがイタリアに亡命するまで続くことになる。

ドースト・ムハンマドは、それまで国王の称号として使われていたペルシャ風の「シャー」に代わって、オスマン・トルコの王朝などで使用されていたアラビア風の「アミール」という称号を使った。この称号の変更には、政治的に深い意味があった。つまりアフガンの東に位置する北インドのパンジャブ地方ではシク教徒が台頭し、一方西隣にあるペルシャではカジャール朝がアフガン攻略の機会をうかがっていた。そこで新王朝は、これら二つの勢力に屈しないという意味を込めて「アミール」の称号を使ったのである。裏を返せば、国王ドースト・ムハンマドは、これら二つの勢力がアフガン内に侵入する事態を大いに懸念していたことにもなる。

事実、二つの勢力の影響力を排除するために、ドースト・ムハンマドは南北に控えるロシアとイギリスの力を巧みに利用する方策を考えていた。そうした事情を知っていたロシアとイギリスは、しきりにドースト・ムハンマドへの接近を図り、アフガンへの影響力を拡大するための地歩を固めようと画策したのであった。

このようにアフガンの国内事情とそれを取り巻く国際事情が交錯する中で、この地域は、その後一〇〇年間にわたって植民地争奪の戦い(いわゆる「グレート・ゲーム」)に巻き込まれ、アフガンはイギリスとの間に三回にわたる戦争を行うこととなった。

その戦いは、もう少し長い眼で見ると、二〇世紀後半になって、今度はアメリカ、ソビエトという二つのスーパー・パワー(超大国)を主役とする第二のグレート・ゲームに引き継がれていった。最初のグレート・ゲームの発端はドースト・ムハンマドが政権に就いた一八二六年に始まり、アフガニスタンがイギリスの影響力を排除して独立する一九一九年に終了したとされている。

ロシアの南進政策

ロシア軍の動きが目立ち始めた中で、インドに拠点を置いたイギリス総督府の眼を引く事件が起きた。舞台は西隣のペルシャであった。当時イギリスは植民地インドの経営を重要な国策として位置づけ、東インド会社に代わってインド総督府を設け、軍事、民事の両面でインド支配を固めつつあった。一方、ロシアは、スペイン、フランスなどが植民地競争の主要なメンバーから脱落してゆく中で、本格的な南進政策、つまりロシアの南にある中央アジアやトルコなどの西アジアへの進出に着手し、港の確保など軍事拠点の拡大を図ろうとしたのである。

一八二六年、ロシアはまずペルシャと戦争を開始し、ペルシャの王朝は軍事的にも政治的にもロシアに従属する立場に追い込まれた。ロシアは古都タブリーズを獲得する一方、それまでペルシャの支配下にあったコーカサス地方をも次々とロシアに割譲させ、現在のアフガニスタンの北西部にあるイスラム諸国の大半がロシアの支配下に入った。さらに二年後の一八二八年には、トルコ帝国との間に戦端を開いた。こうして中央アジアや西アジアへの展開を積極的に進めるロシアは、一八三七年一一月、弱体化したペルシャのカジャール朝に命じてアフガン西部の古都ヘラートへの侵攻を行わせた。この作戦には、ポーランド人の将軍やロシア軍人も参加し、彼らはやがてカーブルへ姿を現すことになった。

ペルシャと条約を結んだロシアは、密かにヘラート周辺のアフガン諸部族との間にも協定を結び、次のステップ、つまりアフガンへの本格的な領土拡張を狙う準備を進めていた。ロシアが密かに進めている作戦の真意を知ることになったイギリスは驚き、インド総督府のアフガン政策を、それまでの消極的な姿勢から、アフガンに積極的に介入する姿勢へと、根本から転換させる事態になった。それはアフガンを「緩衝国家」として位置づけ、ロシアの南進政策を食い止める防波堤としての役割をアフガンに負わせるというものだった。

だが、この政策転換は、イギリスが予想もしなかったその後の政治的、軍事的な敗北と悲劇の始まりとなった。

インド総督と参謀たち

第一次アフガン戦争は、一八三九年に始まり、四二年にイギリスの敗北で終わった。この戦争の経過と歴史的な意味を眺める前に、当時のイギリス本国の政治状況と、東インドのカルカッタに植民地支配の拠点を置くインド総督府の実情を少し振り返っておく必要がある。

イギリスでは一八三七年、ビクトリア女王が王位に就いたが、議会ではこれより先に、王制に批判的な自由党がメルボルン卿を首班とする内閣を組織した。メルボルン卿は、外相パーマストンとともにインドの植民地経営の大筋を決定はしたが、インドにおける大半の政策立案と遂行に当たった組織はインド総督府であった。その最高責任者である総督の権限はインド統治の全権に及ぶ幅広いもので、その後の一八五八年、イギリスが東インド会社を解散し、インドの直接統治に乗り出す頃には、総督の権限はさらに強化され、イギリス国王に次ぐポストとなった。第二次アフガン戦争の前年、ビクトリア女王はインド皇帝に就任し、総督は「副国王」と呼ばれて皇帝に次ぐ地位になった。

そうした重要なポストであったにもかかわらず、当時の総督は、英議会で長年務めた人物などが論功行賞的な人事により任命される例が多かった。一八三五年、総督に就任した人物もその例外ではなく、後にオークランド伯と呼ばれるジョージ・イーデンであった。イーデンの場合、インド方面との関係は、親戚筋にかつてインド総督になった人物がいたというだけであった。二〇年間議員を務めた実直な議会人ではあったが、外交問題や植民地経営にはまったく無縁の人物で、インド方面の知識もほとんどなかったという。

このためインド総督に任命されると、アフガン関係の重要な政策を決める場合、常に参謀から意見を求めることになる。歴史家の多くが、アフガン戦争の大敗北と悲劇を引き起こした主要因として、総督イーデンの外交政策における無知と未経験、無見識を指摘している。同時に、さまざまな局面で総督に進言した二人の参謀にも多くの問題があったとする見方が定着している。総督に信頼の厚かった参謀二人がシク教徒勢力を過大評価し、相対的にアフガン国王を軽視した点が冷静な情勢判断を欠く要素になったというのである。二人の参謀とは、文官のウイリアム・マクノーテンと軍人のクロード・ウェイドである。マクノーテンは、長い間カルカッタの総督府に勤務してきた典型的な官吏であり、現地の言葉によく通じてはいたが、ロシア、ペルシャ、アフガンの代表を相手に宮廷外交を繰り広げるディプロマット(外交官)ではなく、さりとて戦略を立てられる指揮官でも指導者でもなかった。もう一人の側近クロード・ウェイド大尉は、当時北インドに勢力を拡大し始めたシク教徒勢力の指導者ランジット・シンと極めて親密な関係にあり、パンジャブ州のルディアナに居住して、総督府の政治的なエイジェントとしてシク教徒とのパイプ役を果たしていた。つまり、二人がシク教徒勢力に偏った政策をとり続けていたことが判断を誤る最大の原因だった、というわけである。

その指摘のとおり、歴史は二人の思惑とは異なる方向に流れ、第一次アフガン戦争が終わった後の一九世紀後半には、シク教徒がアフガン人と同様にイギリスに反旗を翻し、戦いを挑む事態になるのである。

バーンズの交渉

参謀マクノーテンは、アフガン戦争に突入する前に、最後の交渉役としてボンベイ砲兵隊の士官アレクサンダー・バーンズをカーブルに派遣した。バーンズは、これより数年前にインド総督府の密命を帯びて、アフガン経由で中央アジアのブハラ(現在はウズベキスタン領内)まで偵察旅行を行った経歴がある。その旅行記がイギリスで出版されると、バーンズは一躍有名になり、「ブハラのバーンズ」と呼ばれたほどだった。しかし、探検家や冒険家として名を馳せたバーンズといえども、マクノーテンからは、国王との交渉で新たな条件を示す権限や役割を任せられてはいなかった。彼はただドースト・ムハンマド国王の意見を拝聴するだけであった。

同国王の主張は、シク教徒が占領し続けているペシャワールの明け渡し問題が中心であった。古くからパシュトゥーン人が多数暮らすペシャワールは、かつてアフガン王朝の冬の都となった場所であった。ところがインド北西部に勢力を拡大してきたシク教徒勢力により、ペシャワールは事実上占領され続けていた。国王は、ペシャワール統治をシク勢力から取り戻すことができればイギリスとの友好関係を強化できる、との条件をバーンズに訴えた。そしてペシャワールの街をアフガン側に返還するならば、自分の息子を人質としてシク教徒の指導者ランジット・シンの元に預け、また毎年一定の賠償金を支払う条件まで提示したのであった。バーンズは国王の出した条件を総督府に伝えたが、マクノーテンもイーデン総督も、耳を傾けることなく、またこの問題をランジット・シンに打診することもなかった。結局、国王の提案は無視される形になった。

イギリスのはっきりしない対応を見た国王は、その頃宮廷を訪れたロシア側使節と接近するようになった。ロシアの使節は、ロシア皇帝とペルシャ王の親書を携えて国王を訪れ、友好関係の樹立を求めたのである。インド総督府の対応に絶望していたバーンズは、ロシアの巧妙な動きを目の当たりにしながら、一八三八年四月、カーブルを後にせざるを得なかった。

実はこの頃、インド総督イーデンはアフガンをロシアの進出を食い止める「緩衝国家」として位置づける政策への転換を行い、インドに駐留していたイギリス軍部隊のアフガン派遣をも視野に入れていた。武力行使に踏み切るにはそれなりの理由が必要であった。そのシナリオは現国王ドースト・ムハンマドを悪役に仕立て上げ、当時インドに亡命していたシャー・シュジャー元国王を王位に復活させるという傀儡政権樹立の構想であった。これははからずも一四〇年後にソ連軍がアフガニスタンに侵攻した際、傀儡政権を樹立したケースを彷彿とさせるものである。傀儡政権の主人公になる役割を負わされたシャー・シュジャーは、ドゥッラーニー王朝サドーザイ家に属し、一八〇三年から六年間王位に就いたことがあったが、内紛により国外に追われ、シク教徒指導者ランジット・シンの保護下にあった。

第一次アフガン戦争

イギリス軍は、「シパーヒー」(セポイ)と呼ばれるインド人傭兵らを中心とする総勢約二万人の部隊を編制し、一八三九年四月、アフガン南部から進軍を開始した。カンダハールを経由した総督府の代表マクノーテンと補佐役のバーンズは、八月にカーブルに入り、シャー・シュジャーは再び国王の座に就いた。カーブルに駐屯したイギリス部隊に対して、当初はアフガン人の反抗も目立たなかった。冬が訪れたカーブルの湖では、イギリス兵が氷の上でスケートをする姿が、また翌年の春以降は釣りや競馬、狩猟などを楽しむ光景も見られ、アフガンへの積極的な介入は成功のうちに推移したかのようであった。

しかし二度目の冬が近づいた一八四一年秋、情勢は一変した。アフガン人の襲撃でバーンズが死亡したのをきっかけに、各地で反乱や襲撃が頻発しだした。

イギリス本国に登場した保守党新政権は、アフガン駐留軍の経費削減を求めたため、補給物資がカーブルに届かない事態も起きてきた。一一月末にはアフガン反乱軍代表との交渉の席上、マクノーテン代表も殺害される事態となり、イギリス駐屯軍は指揮命令の中心を失うことになった。全面撤退の方針を決めたイギリス軍は、翌年早々凍てつく寒さの中、カイバル峠までの中間地点にあるジャララバードの駐屯地に向かって退却を開始した。しかし兵士四五〇〇人と駐屯軍を支える非戦闘員一万二〇〇〇人は、カーブルを出るとまもなく、街道の山岳地帯に潜んでいたパシュトゥーン人部族の攻撃に遭遇した。アフガンの部族による攻撃は撤退の途中、毎日のように続き、一週間後にイギリス軍部隊がジャララバードの駐屯地に到着したときは、生存者は数えるほどしか残っていなかったという。イギリス軍が植民地での戦闘でこれほど多数の犠牲者を出した例はなく、悲劇の敗走としてその後長く語り継がれることになった。厳しい批判にさらされたインド総督イーデンは、第一次アフガン戦争の責任を問われて更迭された。

この戦争によるイギリス側の損失は甚大であった。二万人にのぼる兵士が命を落とし、軍隊を維持するために必要なコックや給仕など、数知れない非戦闘員も犠牲になった。また合計二〇〇〇万ポンドにのぼる軍事費が無駄になったほか、五万頭にものぼる駱駝の損失などが報告された。イギリスが得たものはアフガン人の勇猛な反抗精神だけであったかもしれない。しかしイギリスのインド支配を継続する上で何よりも重要な問題は、イギリス軍敗北という名誉の失墜をいかにして回復するか、という点であった。

新総督に就任したエレンボローは、地に落ちたイギリス軍の名声回復のため、アフガンに対し懲罰的な報復攻撃を加え、いまだ囚われている兵士を救出する作戦を決定した。一八四二年七月、カーブルに入ったイギリス軍は、捕虜となっていたイギリス兵士を救出する一方、由緒あるバザールを焼き払い、カーブルは廃墟と化した。

3　民族の独立

第二次アフガン戦争

第一次アフガン戦争が終了すると、それまでアフガンに関心を持ってきたイギリスとロシアは、一時アフガンへの介入を手控えなければならない状況に立たされた。というのもイギリスのインド総督府は、まず北インドにおけるシク教徒の相次ぐ反乱への対応を迫られ、その後はインド各地で、インド人傭兵シパーヒー(セポイ)の反乱、いわゆる「インド大反乱」(一八五七年)が起きたからである。インド人の間に目覚めつつあった独立を目指す芽を摘むために、イギリスはいよいよインドの完全な支配体制を確立する必要があった。その結論として、東インド会社を解散し(一八五八年)、ムガル帝国に代わりイギリス自らが国家の運営に当たる直接統治に踏み切ったのである。

この頃ロシアは、黒海から地中海方面への進出を目指し、一八五三年クリミア戦争に突入して、トルコ・英・仏連合軍との戦闘状態になった。この年、日本ではロシア提督プチャーチンが長崎に来航する一方、アメリカのペリー提督も日本に開港を迫り、極東の島国もいよいよ国際情勢の荒波にさらされる時期を迎えようとしていた。

しかし、こうした状況を世界史の流れの中で見ると、英露二大帝国はいくつかの局地戦ともいえる覇権争いを続けていたわけで、アフガンを舞台とする「グレート・ゲーム」が必ずしも休止状態に入っていたわけではなかった。

イギリスは、第一次アフガン戦争後に復権したドースト・ムハンマド国王との間にペシャワール条約(一八五五、五七年)を結んだが、表面的な友好関係の維持を約束したに過ぎなかった。その後、一八六〇年代から七〇年代にかけて、イギリス国内では自由党と保守党とが政権交代を繰り返した。この政治状況はそのまま二つの政党の対外戦略に投影されることになった。まず、中国とインドの植民地経営に関する問題が最大の焦点となったことは言うまでもない。その陰で、インドの周辺国の一つに過ぎないアフガンに対しては、当面、軍事、外交の比重をどの程度かけるべきか、また長期的に見てどのような政策をとるべきか、という議論も続いていた。政治家の誰もが第一次アフガン戦争の失敗を教訓とすべきであるとの認識では一致していたが、その失敗をどう生かすかの具体論をめぐって、実は二つの議論が大きく対立していた。

積極論か、消極論か

一つは、アフガンへの積極論で、カーブル、ヘラート、カンダハールなどすべての重要拠点を軍事力で確保し、インドと同じようにアフガンを植民地化するという強硬論であり、前進政策でもあった。これに対し消極論は、イギリスが影響力を維持する範囲を、パキスタン中央部を流れるインダス川以東に限定すべきであるとし、インダス以西のアフガン地域に対しては今後一切干渉しないという撤退政策であった。そうした議論の中で、一八七四年に政権に就いた保守党のディスレリー内閣は、イギリスの積極外交を掲げ、アフガンについても前進政策を採用することになった。

イギリスのアフガン政策については、その後の経過を含めてやや長いスパンで眺めてみると、規則的な周期はないものの、積極論と消極論がいくたびとなく繰り返されてゆく傾向がある。対外戦略をめぐる二つの議論は、結局第二次世界大戦後、インド、パキスタンが独立し、イギリスがインド亜大陸から完全に引き揚げる段階に至って終息することになった。これは歴史の一結果にしか過ぎないかもしれないが、最後は撤退論が勝利したのは事実である。

これは別の見方をすれば、植民地支配を当然の国策として容認してきた帝国主義的な思想が、ヨーロッパ諸国の近代化や民主化とともに成長してきた自由主義思想、特に民族自立の思想とぶつかり合い、最後には力を失うプロセスでもあったと言い換えることができよう。

これに対してロシアのアフガン政策はどのようなものであったか。それはイギリスとはまったく対照的であったと言える。ロマノフ王朝の帝政時代からロシア革命、スターリン時代などを経て米ソ冷戦時代に移行したこの国は、一貫して南進政策と呼ばれる積極的な前進政策を採用してきた。この政策にピリオドが打たれるのは、ゴルバチョフ政権が登場し、アフガンからの撤退が決まる一九八九年まで待たなければならなかった。これが、ロシア・ソ連の政治風土のどのような部分に由来するのか、即座に断定することは難しい。しかし対外戦略の方向を議論する場が、政治の舞台でも、市民社会の中でも、それほど多くはなかった、ということは指摘できる。同時に、権力機構の中に絶対的な決定権があって、すべての政策がここから発信されるという「専制的なシステム」が長い間温存されたのも大きな要因である。

さて、ロシアはクリミア戦争後、再び中央アジアに進出を図り、アフガン北部を流れるアム・ダリア以北の諸ハーン国を併合し始めた。ドースト・ムハンマドの後を継いで国王となった息子のアミール・シェール・アリに対し、ロシアは一八七八年、軍事顧問を伴う外交使節団を送り込んだ。その目的はイギリスの影響力を排除するための防衛的な条約を締結することで、その準備工作をカーブルで始めたのであった。

これを知ったイギリス政府とインド総督リットンは、イギリスの使節団が恒久的にカーブルに滞在できる権利、つまり「大使館の設置」という要求をアフガン国王に突きつけ、三週間以内の回答を求めた。拒否した場合には軍事力を行使する方針を固めたのである。しかしイギリスの要求に対する回答はなく、イギリスは再度アフガンへの軍隊の進駐を決定した。

二度目の撤退

イギリスが決断した二度目の戦争は、カイバル峠など三方向から主要拠点を目指す進軍という形で始まった。第一次アフガン戦争の時と同じように、当初は目立った抵抗もなく駐留が続いたが、平静な事態はそう長くは続かなかった。一八七九年、カーブルでイギリス軍への反乱が起きたのに続いて翌八〇年、南部カンダハール近くのマイワンドでの戦闘でイギリス軍が敗れる事態になった。反乱やテロでイギリス軍に被害が出たのとは異なり、マイワンドの戦闘は、平野部で双方が対峙する交戦であり、この敗退はロンドンでも大きな議論になった。その頃行われた選挙で保守党が破れ、自由党のグラッドストーン内閣が発足すると、新内閣は、積極的なアフガン介入という前進政策の推進役のリットン総督を更迭した。代わってリポン総督を任命し、アフガン進駐軍の速やかな撤退を命令したのであった。

この戦争では、当初五〇〇万ポンドと見込まれていた戦費が、実際には一七〇〇万ポンドにも膨れ上がり、戦闘による不名誉な敗北を喫したことから、軍事的にはとても成功とは言えなかった。

反面、この戦争でイギリスが得たものが二つあった。一つは「イギリスはアフガンの内政に一切干渉しない」とする代わりに、「アフガンはイギリス以外のいかなる国とも政治的な関係を結ばない」との約束を取り付け、アフガンを事実上イギリスの保護下に置いたことだった。これは対ロシアとの競争関係の中で、イギリスが一歩優位な立場に立つことを意味した。二つ目は、アフガン撤退後の指導者として、イギリス寄りの国王アブドゥル・ラーマン・カーンの擁立に成功したことであった。アブドゥル・ラーマンはロシアの影響下にあったタシケントで一二年間に及ぶ亡命生活を送っていた。しかしロシア側に接近することはなく、逆にイギリスの要請に応じてアフガンに戻ってきた。そして各地で勃発していた部族の反乱を徐々に収拾し、国内の統一を図ったのである。その後二〇年にわたる彼の統治は、「鉄のアミール」(鉄の皇帝)の時代と呼ばれるようになり、久しぶりにアフガンに強い国王が生まれることになった。

第一次世界大戦とロシア革命

アブドゥル・ラーマンが王位に就いた一八八〇年から、三代目のアマヌッラーがイギリスとの第三次アフガン戦争を開始する一九一九年までの約四〇年間は、世界各地で紛争が勃発し、ヨーロッパの列強が覇権を争うという大激動の時代であった。

中央アジアのアフガンという小地域でグレート・ゲームを展開してきた主役のイギリス、ロシア両国においても、その激動から離れて存在していることはできなかった。むしろこの間は、両者はアフガンという地方舞台を離れて、ヨーロッパという大劇場に主力を移し、激動の世界史物語を合作・演出していたと言っても過言ではあるまい。しかし、だからといって、英露の対決構造がアフガンから完全に消滅したわけではなかった。

アブドゥル・ラーマン・カーン

まずロシアの動きを見ると、一九世紀の終わり頃、専制君主体制を批判するさまざまな思想がヨーロッパからロシアに流入してきた。自由民権思想や、社会主義・無政府主義などの政治思想で、これらの思想が、専制君主体制への批判を加速させ、圧制に苦しめられてきた労働者や農民、一部知識人らの支持を得るようになった。やがて王制打倒を目指す暴動や反乱は革命へ発展していった。そのような不安定な要素を国内に抱えていたにもかかわらず、ロシアは朝鮮半島の支配権をめぐる日本との争いに突入し、一九〇四年、その決着を目指す日露戦争に踏み切った。この戦争の背景は、中央アジアや西アジアでロシアが展開してきた南進政策を、極東方面でも進めようとするもので、その狙いは不凍港の確保にあった。この戦争の敗北によって、ロシアの国家財政は大きく傾き、一九一七年のロシア革命を誘発する要因の一つにもなったのである。

一方、世界に植民地のネットワークを張り巡らし、「日の沈まない国」とまで謳われたイギリスも、インドの植民地経営をめぐり次々と厳しい問題に直面していた。インド人傭兵シパーヒーが起こした「インド大反乱」によって、ヒンドゥー、イスラムの両教徒を問わずインド人の間に民族意識が大きく芽生えた。民族運動の高まりを抑えようとイギリスが打ち出した「ベンガル地方の分割」政策は、逆に民族運動の火に油を注ぐ結果となった。慌てたイギリスは対応策に迫られ、一九一一年、英国王でありインド皇帝であるジョージ五世自らがインドに出かけ、ベンガル分割策を撤回した。また首都を、民族運動の中心地であるカルカッタから古都デリーに移す方針を決め、インド情勢の沈静化を図った。

このように、この時期はアフガン国内よりも、アフガン外部の世界情勢が大きな変動に見舞われた時であった。その頂点となる事件が一九一四年の第一次世界大戦の勃発であった。従って、この頃アフガニスタンを支配した親子二代の国王は、このような外部世界の激動の中にありながら、相対的に英露の干渉が減少した時期であったことから、歴代のアフガン国王たちに比べ穏やかな時代を過ごすことができたと見られている。しかし、そうした穏やかな時期にあっても、アフガンの国境線や領土をめぐる二つの注目すべき出来事があったのである。

国境線デュランド・ラインの画定

一つは一八九三年のアフガンと英領インドとの国境線の画定であり、もう一つは一九〇七年にイギリスとロシアが結んだ「英露協商」の成立である。これにはフランスが加わって「三国協商」とも言われる。

前者の国境線の画定は、国王アブドゥル・ラーマンと当時のインド帝国外相デュランドの間で決められたため、その国境線はデュランド・ラインと呼ばれることになった。この国境線は現在もアフガニスタンとパキスタンの国境線になっていて、その後多くの問題を引き起こすことになる。最近ではタリバーン政権の誕生や国際テロ組織のアフガンへの流入・流出といった問題に、この国境線とその周辺に存在する「トライバル・エリア」(部族の支配による自治区)が深く関わってきた。

この頃イギリスは、アフガン周辺の国境線の画定を急いでいた。というのも、ロシアがアフガン北西部のトルクメン地方を経てアフガンに接近し、ロシア軍とイギリス軍が直接対決する恐れが出てきた。それを避けるため、イギリスはロシアに使節団を送り、アフガンとロシアとの国境線を定める交渉に入ったのである。

その結果、一八八七年から九六年にかけてアフガン北部の国境線が段階的に決まっていった。イギリスは、従来からあいまいだったアフガンとインドとの国境をも画定する必要を感じ、カーブルで交渉を開始した。アフガン側は、かねてからインダス川を国境線とし、その以西をアフガン領にしたいと希望していたが、イギリス側は、植民地インドを防衛する観点と、農作物や綿花を産出する肥沃なパンジャブ平野を確保するという二つの理由から、スレイマン山脈の稜線を境界線とする案をアフガン側に提示し、これを認めさせたのであった。その見返りとして、アフガン国王への補助金を従来の年間一二〇万ルピーから一八〇万ルピーにまで引き上げることや、外国から輸入する武器、弾薬に一切制限を加えないなどの補償措置を確約した。

しかし、この国境線の画定は、スレイマン山脈の東西に渡って広がるパシュトゥーン人の諸部族を人為的に分断するもので、民族の歴史と分布をまったく無視したものであった。また内陸国アフガニスタンが、現在のパキスタン西部を自国領とすることによって海に面した国家になる、という長年の夢を永遠に断つことになった。そのため国王アブドゥル・ラーマンは、この国境線はあくまでも暫定的なものであると解釈していたにもかかわらず、その後国境線の改定は実現しなかった。

デュランド・ラインの画定は、イギリスが一二年後に東インド・ベンガル地方を東西に分断しようとしたベンガル分割政策のいわば西部版とも言えるものであったが、インドでは激しい抵抗運動が燃え盛ったのに対し、アフガンではそうした民族意識はまだ台頭しておらず、国境線の画定は部族民の意思とはまったく関係のない世界で決定されていた。

イギリスとロシアの接近

もう一つの重要な出来事である「英露協商」は、ヨーロッパに台頭してきたドイツ、オーストリア、イタリアの「三国同盟」に対抗するため、一九〇七年にイギリスとロシアが結んだものである。アフガンをめぐりグレート・ゲームを続けてきたライバル同士のイギリスとロシアが急接近し、同年八月三一日、ペテルブルグで密かに調印したあと、九月四日ペルシャのテヘランで突如協定の成立を世界に発表したのである。この協定は、ペルシャ、アフガニスタン、チベットでの両国の利害と対立を調整し、双方の勢力範囲(支配領域)を定めたものである。

具体的には、アフガンについては、イギリスがロシアに攻撃を加えるための基地にはしないという条件でイギリスの勢力範囲と決めた。ペルシャについては三地域に分け、北部をロシアの勢力範囲とする一方、アフガンに隣接する東部をイギリスの勢力範囲とし、中部は中立地帯とするものであった。チベットについては中国の支配権を認め、内政不干渉を決めた。このような勢力範囲の取り決めは、いわば国際的な縄張り争いの調整であったと言える。この協定の内容をよく見ると、ロシアはペルシャの主要都市を含む広大な地域を得たのに対し、イギリスは政治的にも経済的にも重要性の低いイラン東部の狭い地域を確保したに過ぎず、ロシア側に有利な内容となっている。

ではなぜイギリスが、ロシアに大幅な譲歩をしてまで、協定の成立を急いだのであろうか。その背景には二つの理由があった。一つは、一九世紀以来猛烈な勢いで中東方面への展開を図ってきたドイツの存在で、イギリスは、ドイツの進出を防ぐためロシアを利用しようとしたのである。もう一つの理由は、植民地インドを防衛するためアフガンを完全な緩衝地帯にする方針を固めたことであった。「英露協商」の成立によって、第一次世界大戦中のアフガンは中立を守り、イギリスとロシアからの干渉を回避することができた。そして大戦のさなかに、帝政ロシアが崩壊し、ソビエトが誕生したことによって、アフガンの人々は「グレート・ゲーム」の終息を感じ、新たな時代の到来を期待したのだった。

第三次アフガン戦争

第一次大戦が終了した翌年の一九一九年、アブドゥル・ラーマンの息子の二代目国王ハビブッラー・カーンが暗殺された。王位は、彼の息子のアマヌッラーに引き継がれたが、民族主義者の同国王は就任まもない同年五月、インドを支配するイギリス軍に攻撃をしかけた。彼はこの戦いをイギリスに対する「ジハード」つまり「聖戦」であると称し、その目的はアフガン－インドの国境線デュランド・ラインの設定によって失われたパシュトゥーン人の土地を取り返すことにあると宣言した。そして当時のイギリス軍(その大部分はインド人の傭兵であった)は、世界大戦やインド国内の反乱勢力の鎮圧作戦などで疲れきっていると見なし、戦闘での勝算は十分あると考えたのだった。これが第三次アフガン戦争である。

だが国王の情報収集には限界があった。その頃のイギリス軍には、軍事用に開発された複葉機がすでに配備されており、アフガンの上空へ初めて飛来したのである。山岳戦を得意とするアフガン軍は、上空に轟音を立てて飛行する物体から放たれた攻撃に、驚天動地の状態となり、通常の交戦には至らなかった。こうして三度目の戦争はわずか二か月足らずのうちに終了した。双方は現在のパキスタンの首都イスラマバードに隣接する古都ラワルピンディーで条約を交わした。

イギリスとしては、アフガン国王から挑戦された戦争には勝ったものの、もはやアフガンの支配に乗り出す意欲もエネルギーもなかった。その頃のイギリスの国家戦略は、植民地インドで燃え続ける民族運動をいかに押さえ込むかに最大のポイントが置かれていた。また長年の宿敵ロシアが、革命の勃発で「グレート・ゲーム」から脱落したという外部状況もあった。さしもの「日の沈まない国」大英帝国も、世界中に拡散しすぎた植民地や支配地域の運営とコントロールが、国家財政に大きな負担となり、戦線の縮小が検討され始めたのであった。そこでアフガン政府への補助金を打ち切ることを決め、インドへの対応に集中することになった。結果としてアフガンは、国境線をデュランド・ラインに最終決定する提案を呑まざるを得なかったが、独立を勝ち取ったのである。

4 近代化への試練

民族自立への覚醒

二〇世紀に入ったアフガニスタンでは、アブドゥル・ラーマンとハビブッラー・カーン二代の国王の主導のもとで近代化への政策が初めて打ち出された。単科大学や軍事大学が作られ、教育面での近代化がスタートした。官僚制度の導入をはじめ、病院や道路、水力発電所の建設など、経済、社会基盤の整備に着手し、皮革や繊維など軽工業を中心とした工場の建設も行われた。こうした事業を中心的に担ったのは、インド、トルコなどからの外国人か、亡命先の外国から帰国した人たちだった。アフガン国内には人材がいなかったからである。

近代化の中で少しずつ知識人と呼ばれる人々が生まれていたが、その代表的な人物はアブドゥル・ラーマン国王の叔父で、オスマン・トルコ帝国で教育を受けたムハンマド・ベグ・タルジであった。彼は近代化を進めるには、メディアの力を借りて啓蒙思想を広める必要があると信じ、アフガンで初めての新聞「アフガン・ニュースの灯」を発行した。彼は、王子の家庭教師として勤務しながら、一九一一年から七年間にわたり新聞を発行し、アフガン社会にはびこる社会的な不平等や不正などの是正を訴えた。イギリスの帝国主義政策を厳しく非難する一方、日露戦争での日本の勝利を「ヨーロッパ人に対してアジア人が初めて打ち勝った偉業」と賞賛し、中国で起きた革命を礼賛した。

国王がアマヌッラーになると、彼は外相に就任した。イギリス批判の姿勢は、トルコやドイツの外交使節の注目を集め、反英闘争に加担しないか、といった誘いを受けるほどだった。彼の民族主義的な思想は、のちのアフガンのエリート層にさまざまな形で影響を与えることになり、アフガンに「民族自立への覚醒」を促したのだった。

アマヌッラー国王

こうした近代化への胎動は、第二次世界大戦後の一九五〇年代に至るまで、世界各地で起きた民族独立、国家主権の確立などを目指すナショナリズム運動と強く連動していた。西のモロッコから東のインドに至る広大な地域の中には、列強が支配してきたイスラム圏の植民地が数多く存在していた。それらのイスラム諸国のうち、アルジェリアを除くすべての国がこの時期に独立を達成している。アフガンは、その中で一番初めに独立を達成したのであった。

急速な近代化

一九一九年のアフガン独立から、王制が廃止されて共和制に移行する一九七三年までの半世紀余りは、アフガンの政治体制は立憲君主制の時代であった。近代化はあくまで君主制の範囲内で推進された。

この間、一九二三年、三一年、六四年の三回にわたり、憲法が制定または改定されたが、国王アマヌッラーが制定した一九二三年のアフガン初の憲法は、アフガン政府の骨格を初めて定めた。王制についても、国王を国家元首と定め、閣僚の任命権を持つなど憲法の枠の中で国王の地位や権能を規定するとともに、イスラム教精神を基にした国家建設を目指すと初めて定義した。

当時外相であり、国王の知恵袋役であったタルジは、トルコのケマル・アタチュルクが実現したような政治体制を理想と考えていた。そして近代国家の建設には、強い軍隊と中央政府の実現が不可欠であると国王に説いた。そこで国王は、それまでの部族長を中心にした伝統的な軍隊を、徴兵制に基づいた近代的な組織に再編制する作業に取り組んだ。ソビエトから十数機の飛行機を導入してアフガンに初めて空軍を創設し、フランス、イタリア、トルコからは軍隊の指導教官を招いた。外国から指導者を招くのは、日本の近代化の初期に見られた光景でもある。国王の近代化路線は、以下のような分野にも採用されていった。

太陽暦の導入、ヨーロッパの服装の着用、ブルカ(ヴェール)の廃止など、伝統的な習慣の変更が始まった。奴隷制と強制労働の禁止、女子や成人、遊牧民などへの教育の普及のほか、経済面では密輸の禁止と税率の公平化、予算など国家財政の編成、メートル法の導入、国立銀行の創設と新貨幣の導入などが矢継ぎ早に行われた。銀行の設立と新貨幣の使用は、それまでの「バザール経済」、つまり市場の両替商を中心とした金融・流通制度を根幹から変えるもので、他の諸制度と合わせてアフガン経済を発展させる原動力になった。

さらに立法府の確立と刑法や民法の制定を行い、部族長や王室への補助金の停止なども実施した。新憲法の発令後、国王は一九二七年と二八年にヨーロッパや中東を歴訪した。その結果、近代化政策が正しいとの自信を強め、一段と近代化のスピードを上げることを決意した。

アマヌッラーの失脚

こうした国王の政策は、当時としてはあまりにドラスティックであり、近代化というよりは国王主導による半強権的な改革に近かった。

このような急激な改革に対し、軍隊で中枢を占めていた部族長らの保守層が抵抗を始め、一九二九年に首都カーブルで反乱が起きた。近代化の途中にあった軍隊はまだ脆弱であり、国王を守ることができなかった。国王はイギリスが提供した飛行機でインドに脱出したあと、イタリアへ亡命し、一九六〇年チューリッヒで死亡した。近代化への情熱もむなしく、彼が祖国の地を踏むことは二度となかった。

反乱に乗じて政権を握ったのは、タジク人でアフガン北方出身のハビブッラー・ガジーであった。出生が不明であったことから、「水運び人のせがれ」と呼ばれた人物であるが、この政権はパシュトゥーン部族の反乱を受けて九か月しか維持できなかった。

一九二九年、次に王位に就いたのはパシュトゥーン部族出身のナディール・シャーだった。ナディール・シャー政権は四年間の統治の後、息子のザヒル・シャー政権に引き継がれる。この親子二代の政権は立憲君主制のもとで、四四年間という長期にわたり統治を続けることができた。その背景には、外部要因、つまり第一次世界大戦から第二次世界大戦にいたる間の世界情勢の大変動があった。

まず、イギリスはアフガンの独立を認めたあと、植民地インドの対応に追われた。結局、第二次大戦終結から二年経った一九四七年、インドの独立を認めることになり、三〇〇年以上にわたるイギリスのインド支配が終焉した。

他方、アフガンへの進出を狙い続けてきたもう一方の主役ロシアは、ソビエト連邦と名を変えたが、第一次世界大戦のあとしばらく国内問題に追われ、アフガンへの大きな関与は見られなかった。

このように第一次大戦以降は、グレート・ゲームの二人の主役が植民地支配を断念し、帝国主義的な外交政策から退いてゆく「エンド・ゲーム」のプロセスにあった。また第二次大戦中は、アフガニスタンは中立国としての立場を守り、連合国からも、枢軸国からも距離を置いていた。そうした国際環境の中で、アフガニスタンは外国勢力の干渉から解き放たれた時代を生み出すことができたと言える。

ではアフガンの内政は、この頃どのように推移したのであろうか。

ザヒル・シャーの時代

一九三三年、一九歳の若さで王位に就いたザヒル・シャーの時代は、国内政治の面で四つの特徴がある。

その第一は、最初の三〇年間は、自らが政治を主導することはなく、王室との姻戚関係にある三人、つまり二人の叔父と従兄が順次首相に就任し、若き国王の代行として政治を行ったことである。ザヒル・シャー自身が直接政治を指揮するのは一九六三年、彼が四九歳になってからであった。

第二の特徴は、外交政策で中立政策を堅持したことである。アフガニスタンを強い国家にするためには軍隊の整備や、運輸・通信を中心とした経済基盤の整備が必要であることは誰しも認めるところであった。その資金と技術を得るためには外国の援助が不可欠であったが、ザヒル・シャー政権は、過去の歴史を考えて、敢えてイギリスとソ連を避けた。そしてこれまでアフガニスタンには縁の遠かったドイツに援助を仰ぎ、水力発電所や工場の建設にドイツ人技術者があたった。またイタリアと日本からも援助を得た。第二次世界大戦が始まると、アフガニスタンは、枢軸国であるドイツ、イタリアなど他国からの援助を一切中止して完全な中立政策をとり、滞在するすべての外国人に退去を求めた。また第二次世界大戦後に米ソ冷戦時代が訪れると、アフガニスタンは非同盟・中立を掲げ、インドネシアのバンドンで開かれたアジア・アフリカ会議にも代表を送った。

ザヒル・シャー国王

しかし、こうした中立政策も、アフガンに対する米ソの援助競争が始まると次第に揺らぎ始めた。フルシチョフに次いでアフガンを訪れたブレジネフ書記長が援助を強化し、ヒンドゥークシュ山脈の難所サラン峠にトンネルを開通させると、アフガン国内には共産主義を信奉する親ソビエト派のグループが生まれてきた。

第三の特徴は、イギリスから独立したパキスタンとの国境線、つまりデュランド・ラインをめぐるパキスタンとの紛争である。この国境線はパシュトゥーン人が住む地域を東西に分断するものだったが、パキスタン側に住むパシュトゥーン人の中には国境線を越えて自由にアフガンに出入りする遊牧民が多かった。そこに居住する人々にとっては、自分がパキスタンとアフガンのどちらに帰属するかは、さして重要ではなかったのである。しかしパシュトゥーン人が政権の主要部分を占めるアフガン政権にしてみると、国境線の東側の住民はアフガンに帰属すべきであり、その居住地域も当然アフガンに編入すべきである、とする意見がすべてであった。

一九四九年、パキスタン空軍機が国境線付近に爆撃を加えたことがきっかけで、アフガンのロヤ・ジルガ(国民大会議)が開かれ、両国は一時国交を断絶した。このため、従来パキスタンからアフガンに運ばれていた物資の陸上輸送が途絶える事態となった。アフガニスタンが輸入する物資は、まずパキスタンのカラチ港に陸揚げされ、トラック輸送によって国境のクエッタやペシャワールを経由してアフガン領内に運搬される。アフガン経済の生命線であるこの輸送ルートが封鎖されたのである。特に燃料の石油のストップによって、内陸国家アフガンの経済は大きな打撃を受けることになった。

第四は、輸送ルートの封鎖による副産物として、ソ連とアフガンとの経済関係が強化された点である。パキスタンの陸上封鎖措置によって、アフガニスタンは援助をソ連に仰ぐことになった。一九五〇年に両国は経済条約を締結し、ソ連の石油、繊維、工業製品とアフガンの羊毛、綿布がバーター貿易で取引されることになった。またこれを機に、ソ連は石油や天然ガスの貯蔵施設をアフガン国内に建設する一方、アフガン製品がソ連内を自由に通過できる措置を講じた。このようなソ連との経済協力関係は、アフガニスタンが徐々にソビエト政権との緊密度を深めてゆく結果となった。

新民主主義

さて、一九六三年、三人目の首相サルダール・ムハンマド・ダウド・カーンが、パキスタンとの長引く紛争の責任を問われ解任された。この後は国王ザヒル・シャーが「新民主主義」を掲げて積極的に政治の舵取りに乗り出した。同国王も一〇年後には王位を追われ、王制には終止符が打たれることになるが、この王制最後の時期にいくつかの改革が実施された。

まず一九六四年に憲法が改定され、その翌年に初の総選挙が実施されたことである。改定された憲法の特色は、前憲法と同様に立憲君主制を保持してはいたが、二院制を採用した。政治結社の自由が条件付きながら認められた。また過去三人の首相が王室関係者で占められた経緯から、王室の権限に制限を加えることになり、国王以外の王室関係者は、一切政治の場に参加することが禁止された。また三権分立の中で司法制度も整備され、伝統的なイスラム法よりも、憲法の規定が優先された。

民主化の度合いを強めた憲法の出現は、さまざまな政治思想がアフガンに根を張る条件を作り出したと言える。この時期の特色としては、左翼思想の台頭が注目される。憲法が改定された翌年の一九六五年、アフガンでは初めてマルクス・レーニン主義者の政党である人民民主党(People's Democratic Party of Afghanistan)が創設された。党の名前には「共産主義」が使われてはいなかったが、実際には共産主義者の集まりであった。党の創設メンバーには、後に政権を握ることになったヌル・ムハンマド・タラキやバブラク・カルマルら共産主義者が名を連ねていた。人民民主党は、新憲法下の議会でまず多数の議席を得ることに目標を置いた。タラキら党指導部が、すでにモスクワのソビエト共産党と親密な関係にあったことは言うまでもない。一九六五年に最初の総選挙が実施され、下院議員二一六人が選ばれた。国家主義者、企業家、自由主義者、イスラム主義者など広範な分野から代表が選出されたが、それらの議員に混じってタラキら共産主義者四人も当選した。

このようにアフガニスタンは議会制度の導入によって、多様なグループの代表が政治の場に進出し、表層的には民主化への道を歩み始めたかに見えた。しかし新憲法の問題点も同時に露呈された。例えば国会議員が閣僚になることや、政府の重要なポストに就くことが禁止された。

これによって議会と内閣の間に意思の疎通がなくなり、内閣の打ち出す政策がことごとく議会で否定されるなど、政府・内閣と議会との対立が日常化していった。また選挙後の新内閣の承認をめぐり学生が反対デモを行い、軍隊との衝突で死傷者が出るに至った。議会と政府との対立は年とともにエスカレートしていった。特に一九六九年の二回目の選挙で、都市部を代表する自由主義者が議席を失うと、議会は伝統主義者や地方の保守主義者で占められ、外国留学の経験のある官僚が多くのポストを占める政府との対立が決定的になった。このため議会は何も決定できない休眠状態に陥り、議会の有力者が直接官僚に働きかけるロビー政治が支配するようになった。これがまた留学組の上級官僚と、中間官僚との溝を生み、アフガンの政治状況は不安定の度を増すことになった。

第3章

◆

ムジャーヒディーンの闘い(1973～89)

――ソ連軍の侵攻と撤退――

ムジャーヒディーン

1　社会主義化するアフガン

共和制移行と政治の混迷

一九七三年七月、ザヒル・シャー国王が眼の治療のためイタリアに渡航中、ソ連で訓練を受けた若手将校らがカーブルの宮殿を占拠し、無血クーデターを成功させた。クーデターの主謀者は、かつて国王の下で首相を務めたことのあるムハンマド・ダウドであった。ダウドは直ちに王制を廃止して共和制の導入を表明し、自ら大統領の座に就いた。

このクーデターの歴史的な意味は、単に野心家である一政治家が自らの政界への復帰をかけて陰謀をめぐらしたという「政変」に留まるものではなかった。また二二六年間も続いたドゥッラーニー家による王制にピリオドを打った、という点に重要な意味があるわけでもなかった。むしろダウド政権による共和制政治の始まりによって、共産主義者グループ内の果てしない政争と暗闘が始まった事実にこそ大きな意味があったのである。これはフランス革命による共和制の発足が恐怖政治を引き起こした事例にきわめて類似していると言える。アフガン内の恐怖政治とテロの頻発は、やがてソ連による傀儡政権の登場を促し、さらにソビエトによる直接支配へと発展していった。ダウド政権の登場は、まさにアフガン現代史における暗黒時代の幕開けだと言っても言い過ぎではあるまい。

この章では、まずダウド政権とその後の権力闘争を振り返り、アフガン国内の政治情勢のどこに、ソ連軍の介入をまねく要因があったかを見てゆきたい。同時に、地球を東西に二分する米ソ冷戦時代のさなかに、なぜソ連軍がアフガンへの軍事侵攻を決断したのかを分析する。一〇年間にわたりアフガンの大地を血で染めたソビエト軍との戦いは、その後、内戦という新たな事態に移行してゆく。内戦を助長した要素は、アフガン内部の政治的状況によるものか、それとも外国勢力の関与が大きな要因であったのか。これらの問題についても考察する。

ダウド政権

まずダウド大統領の外交政策を見てみよう。クーデター翌年の一九七四年、ダウドはモスクワを訪問し、ブレジネフ政権に対し友好的な姿勢を示しながら、軍事、経済の両面でソ連の支援を強く求めた。これに対し、ソ連は経済開発を中心とした七か年計画への援助として、六億ドルの支援を行うことを約束した。ブレジネフ政権から見ると、ダウド大統領の登場は歴代のロシア政権が果たせなかった「南進の夢」をついに実現させる指導者が出現したことを意味し、ダウドに大きな期待を寄せた。この時点では、アフガンとソ連との蜜月時代が始まったかのようであった。

しかし当時のダウド大統領が、本心からソ連と緊密な関係を構築したいと希望していたかどうかは定かではなかった。ダウドの思想傾向について言えることは、人民民主党の創始者の一人であるヌル・ムハンマド・タラキなど共産主義者たちと表向きは親交を装いつつも、信条的には共産主義者ではなかったということである。また内閣の閣僚や政府の要職から、ソ連寄りの共産党員を徐々に排除していった事実を見ると、ダウドがソ連政府や共産主義思想に決して傾倒していたわけではない、という事実だけは見えてくる。

ムハンマド・ダウド

いずれにせよ、外交面でダウドは徐々にソ連離れの姿勢を見せ始め、これに伴ってソ連側は不信感を増幅させていった。ダウドはソ連訪問翌年の七五年、かねてからアフガン軍部に派遣されていたソ連の軍事顧問団を解雇する一方で、アフガンの周辺国との外交関係を順次強化し始める。まず初めにイランとの関係改善に乗り出し、イランと水利をめぐって対立していた国境の河川問題に決着をつけて、イラン側から二〇億ドルもの経済援助を受けることになった。翌七六年には、かつてパシュトゥニスタン問題(パキスタンとの国境紛争)で対立したパキスタンとの交渉に乗り出し、当時社会主義政策を進めていたズルフィカール・アリー・ブット首相とも良好な関係を作り出した。ダウド外交は、サウジアラビア、イラク、イラン、クウェートなどアラブの石油産出国にも広がり、一九七八年のワシントン訪問を計画するまでになった。

「親ソ連外交」から一変して「全方位外交」に切り替えたダウド大統領に、ソ連が不快感を示し、懐疑の眼を向けたのも当然だった。一九七七年、モスクワを再訪したダウドに対して、ブレジネフはこう述べた。「多くの外国人専門家がアフガン北部で働いているが、これらの中には北大西洋条約機構(NATO)の国から来た者もいる。彼らは帝国主義国のスパイである」。ブレジネフはこれら外国人のアフガンからの退去を求めたのであった。これに対しダウドは、「わが国が誰を入国させるかは我々が決める。アフガニスタンは貧しい国ではあるが、どのような行動と判断を取るかは我々の自由である」と答え、首脳会談の場を憤然と退席した。この会談の決裂によって、ソ連首脳とダウドとの溝は決定的となった。だがソ連としては、過去二五年間に及ぶアフガンへの支援をダウドによって無駄にするわけにはいかなかった。

ダウドの外交姿勢の変化は国内政策とも連動していた。当初はアフガンの近代化と民主化を掲げて登場した大統領であったが、就任後まもなくして強権政治の色彩を強めていった。クーデター事件で活躍した親ソ連派の将校らを地方の勤務地に異動させて、自己の周辺から遠ざけ、ダウド政権の成立に貢献した二人の共産主義者を閣僚から外すなど、左翼勢力の排除に乗り出した。一九七五年には自らが党首になって「国民革命党」という政党を組織し、政府に批判的な新聞や政党機関紙の発行を禁止するなど、言論統制に着手した。七七年には共和国憲法を制定して、自身が創設した政党だけが政治活動を認められるという一党独裁体制を固めていった。

この頃アフガンの経済状況は農作物の豊作が続いてはいたが、失業者は増え続け、インフレが止まらなかった。全方位外交を進めたにもかかわらず、外国からの経済援助も徐々に減り始めていた。そうした中で権力が大統領一人に集中する体制を強行した大統領の変貌ぶりに、かつてはダウド政権を支持した保守勢力や都市の共産主義者、学生、知識人などが左右を問わず反発を強めていった。その結果、それまで分裂していた人民民主党の共産主義者らのうち、二大勢力であるハルク派(人民派)とパルチャム派(旗派)が公然とダウド政権打倒を掲げ、結束する事態に至った。これによってダウド政権は自らを支援する政治基盤を失い、ほぼすべての政治勢力から孤立する状況になった。首都カーブルの街角では、政権打倒のクーデターがいつ起きても不思議ではないといったうわさが飛び交い、あとはクーデターの発火点を待つだけの不安定な政治状況が生まれていた。

社会主義政権の樹立

一九七八年四月、人民民主党パルチャム派の理論家ミール・アクバル・ハイバル氏が何者かに暗殺される事件が起きた。彼の死を悼む集会で、党の指導部にいるタラキやバブラク・カルマルなどが演説をするとあって一万人以上の市民が集まった。これに驚いたダウド大統領は、タラキら人民民主党員の逮捕に乗り出したが、この弾圧が軍部にクーデターを促す結果となった。四月二七日、空軍機と戦車による反乱部隊が、カーブルの宮殿を襲撃し、護衛の部隊との間で激しい戦闘が繰り広げられた。まる一日続いた戦闘の末、宮殿内にいたダウドとその一族が射殺された。このクーデターは、表向きは軍部の反乱であったが、戦闘終了後直ちに軍事革命評議会が組織され、タラキがその議長に就任するという手際のよさが目立った。クーデターは、逮捕をまぬがれていたハフィズッラー・アミンら一部の人民民主党幹部が密かに軍部に働きかけ、引き起こしたものだった。

四月三〇日、アフガニスタンは国名を「アフガニスタン民主共和国」に変更し、初の社会主義政権が樹立された。最高指導者はタラキで、カルマルは第一副議長兼副首相に、アミンは副首相兼外相に就任した。タラキ議長は直ちに人民民主党内閣を組織したが、興味深いことにソ連で教育を受けた軍人は三人しか登用していなかった。文民については、一八人の閣僚のうち、アメリカで教育を受けた者が一〇人、エジプトが二人、ヨーロッパが二人、そしてアフガンが四人で構成されていた。全員が同じ人民民主党員ではあったが、必ずしも同志と呼び合える同一思想のマルキストではなかったことが、その後のタラキ政権の将来を暗示していた。

政権発足から三か月が経った七月、人民民主党の政権内部に早くも亀裂が生じた。一年前に

ヌル・ムハンマド・タラキ

ダウド政権の打倒を目指して統合したハルク派とパルチャム派との対立が再燃したのである。「ハルク」も「パルチャム」も人民民主党(共産党)の機関紙の名前であったが、ハルク派の支持者には労働者や中産階級が多かった。ハルク派を創設したグループの一人であるタラキは、カーブルの南一〇〇キロのガズニ州出身で、両親は遊牧と農業を営むパシュトゥーン人部族であった。高等教育は受けなかったが、企業の社員としてインドのムンバイ(ボンベイ)に勤務している時に共産主義に傾倒し、独学で社会主義文学を学んだ。これに対しパルチャム派は知識人や上級官僚などのエリート層の支持者が多かった。同派の指導者カルマルは軍人の息子で、カーブル大学で法律を学び、このとき共産主義運動に加わった。卒業後は官僚になり、その後弁護士になった理論家であった。

タラキはパルチャム派の影響力が大きくならないよう、新聞、ラジオ、そしてその頃重要なメディアになっていたテレビへの政府の発表やインタビューをすべて独占した。そして大衆の支持を集めていたカルマルには、メディアに接する機会を与えなかった。新政権発足から数か月も経たないうちに、タラキとその腹心であるアミンは、パルチャム派の閣僚を一斉に解任し、ワシントン、イスラマバードなどに大使として転出させ、事実上の追放を行った。カルマルはチェコスロバキアのプラハ駐在大使を命じられた。カーブルに残ったパルチャム派の幹部らは相次いで逮捕され、パルチャム派は壊滅状態になった。

こうした権力内部における情勢変化に関して注目される事実は、ソ連側の対応だった。ソ連は一九六五年の人民民主党の発足以来、ソ連共産党を支持する両派に対してほぼ均衡した対応をとり、一方に偏る支援を避けてきた。一九七八年にダウド政権が打倒される際も、ソ連は両派の統合を促したほどだったが、今回は意図的に成り行きに任せ、情勢を静観する姿勢をとった。その理由は、軍内部に多くの支持者を集めているハルク派の方が、都市部の知識層を中心としたパルチャム派よりもソ連にとって制御しやすいと判断したからだった。またアフガンの指導者としての資質という点から見た場合、カルマルは確かに知識人であり優れた理論家ではあるが、力強い個性と強引な性格に欠けているとの評価を下していた。

バブラク・カルマル

急進改革からタラキ独裁へ

カルマルらを追い出したタラキ政権は、一〇月末、大胆な改革に乗り出した。土地の国有化をはじめ、土地を担保に資金を高利で他人に貸すことの禁止、女性の結婚最低年齢の決定、完全な男女平等教育の実施など、当時のアフガン社会の基準から見るとあまりに急進的とも言える政策の導入であった。またこの改革に先立って、国旗のデザインを突如変更する方針を打ち出した。イスラムを象徴する緑色に代わって、社会主義を象徴する赤を国旗に使用したもので、新国旗の登場はアフガン社会に大きな衝撃を与えた。

アフガニスタンでは、古くから土地の登記制度がなかったため、土地が誰に所属するか不明確であった。実際には地域の有力者、つまり政治的にも宗教的にもその地域を支配する部族長、ないしはその血縁関係にある者が土地を所有している場合が多かった。また土地改革や農業改革を地方で指導するにしても、農業知識を持った技術者が圧倒的に不足し、政府の改革はほとんど掛け声だけで終わっていた。この現象はアフガンに限ったことではなく、イラン、パキスタンなどでも同じであり、アフガンに隣接する中央アジアのソ連圏(イスラム地域)でも同じ問題を抱えていた。都市部のインテリたちが考えた共産主義的な農業改革は、地域の伝統に少しも配慮することがなく、机上の空論に走るケースが多かったということである。

一九七八年一二月、アフガニスタンはソ連との間に二〇年間の善隣友好条約を締結した。この条約は、ソ連が前の月にベトナム、エチオピアと締結した条約とほぼ同じ内容を盛り込んだもので、アフガニスタンが事実上ソ連の衛星国になることを意味した。カーブル市内では政府主催の祝賀デモが計画され、タラキ首相の写真が市内各所に貼られた。タラキへの個人崇拝が強化される一方で、反政府的な人物への弾圧も強まった。弾圧の対象は軍幹部、官僚、宗教指導者、政治家、教員など広範囲に及び、七八年末頃にはカーブル郊外の刑務所は四〇〇〇人の政治犯で溢れ、その多くが裁判もなしに処刑されたと報告されている。こうした弾圧を避けるため、軍人や政治家などがアフガン各地から隣国のパキスタンやイランに続々と脱出し始めた。政治難民の始まりであった。周辺国に脱出した難民たちは、カーブル政権の打倒を目指すさまざまな反政府組織を結成していった。

アミンの巻き返し

一方、国内政策の行き詰まりはタラキ独裁体制の指導部内でも意見の対立をもたらし、一九七九年九月には、ハルク派の両輪であったタラキ首相とアミン外相との間に決定的な亀裂が生じた。外相アミンは、社会主義者ではあったが、実際にはタラキやカルマルよりもはるかに民族主義的な色彩の強い共産主義者であった。これはアミンの経歴からもうかがえる。アミンはカルマルとほぼ同年代で、教員をしていたが、一九五七年と六二年の二度にわたりアメリカに留学し、博士号を取得した。また留学中は在米アフガン学生連盟の代表になっている。帰国してしばらくの間は教育省に勤務して学生らの指導に当たった。国会議員に選ばれたのは六九年で、ようやく党内で頭角を現し始めるが、ソ連との関係はタラキやカルマルほど強いものでは

ハフィズッラー・アミン

なかった。ソ連情報機関との結びつきも、彼の甥を通じて作られたものだった。

一九七九年、アフガン各地で反政府運動が広がり、一部で暴動や反乱が起きると、タラキ首相はソ連情報機関との連携のもとで、アミンの排除を計画した。ソ連もアミンの存在が邪魔になっていた。というのはタラキの急進的な改革が世論から厳しい反発を受けているのを知ると、アミンはイスラム教徒らに接近する立場を取り始め、イスラム教徒が以前のように自由にモスクを訪れ礼拝ができるよう宗教の自由を緩和する一方、モスクの修理などに取り組んだり、コーランのコピーを市民らに配布したりして、保守勢力に迎合する姿勢を見せたからである。

アミンがさらにソ連の神経を逆なでしたのは、カーブルのアメリカ大使館との秘密裡の接触であった。アミンは混迷を深めるアフガン情勢を打開する糸口を見つけるため、ついにアメリカの支援を打診したのである。しかし西隣のイランで、ホメイニ政権によって米大使館を占拠され、外交官が多数人質になっている状況のもとで、アメリカはアミンの要請に耳を貸している余裕はなかった。

アミンの対米接近情報がソ連の情報機関に漏れると、ソ連はタラキと協力してアミンを抹殺する方針を固めた。ところがこの情報がアミンに伝えられると、アミンは逆に軍部の情報機関を使って先手を打ち、九月中旬タラキ首相の身柄を拘束した。表向きは健康上の理由で公の行事から姿を消したことになっているが、一〇月初旬になって首相の死亡記事が新聞に報じられた。死因は病気と発表されたが、これを信じる市民はほとんどいなかった。タラキ首相は密かに刑務所に収監されたあと、アミンの命令で抹殺されたのだった。

アフガンに共産主義国家建設の目標を高らかに掲げた人民民主党の理念は、タラキ政権の登場とともに、崩壊の一途をたどっていった。内部分裂と相次ぐ粛清の嵐は、ついに外国軍隊の侵略という新たな事態につながってゆくことになる。

2　ソ連軍の侵攻

大規模な空輸作戦

一九七九年のクリスマスに始まったソ連軍によるアフガニスタン侵攻は、西側諸国のメディアにとっては衝撃的な事件であった。ソ連軍の大規模な作戦行動は、アフガン国境に近い五つのソ連軍基地から飛び立った空挺部隊によって始まった。多数の輸送機によるピストン輸送によってカーブル空港とバグラム空軍基地に運ばれたのは、ソ連兵八〇〇〇人と多量の軍事物資であった。主要な空軍基地をソ連側が押さえて制空権を握ると、今度は地上軍が多数の兵員輸送車や装甲車に分乗して国境の三か所からアフガンに入った。空輸の開始から一週間でアフガンに送り込まれたソ連軍の数は六万人にものぼった。

私がソ連軍の侵攻を知ったのは、カーブルの西一五〇〇キロのテヘランであった。米大使館人質占拠事件の取材に当たっていた時で、大きな衝撃を受けたことをいまも鮮明に覚えている。テヘランのホテルに滞在していた多数の外国人ジャーナリストの中には「いよいよ米ソが第三次世界大戦に突入する」といった見方を示した記者もいた。テヘランの米大使館占拠事件が長期化の様相を呈し、ホメイニ革命政権を相手に米国外交が「為す術のない閉塞感」を強めていたこともあって、テヘランにいた記者団の多くが、ソ連軍侵攻という大ニュースに呑み込まれてしまい、冷静な反応を示すことができなかった。私自身もまた「これからは米ソ関係が一段と悪化し、世界情勢が悲観的な方向に流れる」という懸念を強く抱いた。これは西側メディアに限らず、テヘランにいた各国外交団の観測もおおむね同じであった。ソ連軍侵攻はそれほど大きな衝撃を与えたのであった。

テヘランから急遽カーブルに向かうことになった私は、一二月二九日、飛行機を乗り継いでなんとかカーブルに到着した。空港をはじめ政府関係の建物の前には、ソ連製のアフガン軍戦車や装甲車が多数配備されていた。土嚢を積み上げて作られた警戒ポストのそばでは、自動小銃を構えるアフガン兵士に混じって、軍服の異なるソ連兵の姿がわずかに見られた。深々とかぶった毛皮の帽子の下から、こちらを見つめるソ連兵の鋭い眼差しが印象的だった。

ソ連軍の侵攻について、アメリカ政府は直ちに非難の声明を発表した。

カーター米大統領は、米情報機関からの報告として、アフガン国境に集結しているソビエト軍の動向を事前に察知していた。この年の秋頃から始まったソ連軍の増強は、明らかにアフガンにおける何らかの作戦行動を示唆していたわけで、ホワイトハウスはソ連軍がアフガンに侵攻する可能性が高いことを十分把握していた。しかし米国はソ連軍侵攻の前に、二度の警告を発したに留まり、ソ連軍の動静を伝える情報を、どちらかと言えば控えめに公表したふしがある。ソ連軍の情報を大げさに公表した場合、ソ連への対抗措置ないしは牽制の軍事行動を求める意見が高まる恐れがあった。米外交当局としては、イラン、パキスタンなどイスラム諸国とのトラブルにてこずっていただけに、新たな問題の発生を好まなかったのである。そしてソ連軍の侵攻後、米政府は抗議声明を発表したが、事態に対抗するために米軍の大規模な対抗措置を取ろうとはしなかった。

侵攻の理由

ソ連のアフガン侵攻はなぜ起きたのかという当時の疑問に対して、その後さまざまな分析が試みられてきた。しかし、ソ連首脳部がどのようなプロセスで侵攻を決断したかについての詳細は、いまだに明らかになっていない。

私は概括的に言えば、アフガン国内、ソ連側と米国側の事情の三つが、ソ連軍侵攻を招いた主な要因および背景であると考えている。第一は、前に述べたように、タラキ政権からアミン政権に移行する過程で露呈したアフガン国内の政治の混乱がある。第二は、地上部隊の大掛かりな派遣という手段まで採用してアフガンを完全に支配しなければならなかったソ連側の事情である。第三は、イラン革命が成功し、ソ連軍侵攻の直前にテヘランの米大使館が占拠され、館員が人質になる緊急事態が起きたため、カーター政権がこの対応に追われていたことである。これらの要素が複合的に関係し合い、ソ連軍侵攻という事態が生まれたと考える。

そこでソ連側の事情を中心に考察してみよう。ソ連が侵攻した後、米国を中心とする西側諸国は一斉にソ連の軍事行動を批判した。この批判をかわすために、ソ連が侵攻の正当性を示した根拠が、アフガニスタンと結んだ善隣友好条約であった。条約は侵攻のわずか一年前にタラキ議長がモスクワを訪れてブレジネフ書記長と調印したものだった。

この条約は西側の分析によれば、アフガンが事実上ソ連の衛星国という従属的な立場に立つことを容認するものである。アフガニスタン国内で、国家の安定を脅かす重要な事態が発生した場合、アフガニスタンの国家主権よりもソ連の国家主権を優先して、事態の対応に当たるという考え方で、西側からは「ブレジネフ・ドクトリン」と呼ばれた。従ってチェコスロバキアにソ連軍が進駐したのは、同国の社会主義政権を守るためにブレジネフ・ドクトリンを行使したということになる。

しかしソ連との条約は、アフガン侵攻の根拠にはなっても、軍事行動の直接的な動機や真意を説明するものではない。それでは、侵攻の直前まで、ブレジネフを中心とするクレムリン首脳らは、アフガン情勢について何を考えていたのだろうか、「アフガンを真に民主的かつ革命的な国家に発展させるには、どうしたらよいか」といった政治的テーマについて、ソ連首脳は真剣に検討していたのだろうか、という疑問が生じてくる。

ソ連軍侵攻後の一九八六年に特派員としてモスクワに駐在した私は、アフガンで息子や友人を失った人々にさまざまなインタビューを行った。すでにゴルバチョフがソ連の最高指導者になり、アフガンへの軍事介入を批判する意見が公然とソ連国内に生じてきた時だった。そこで、ブレジネフがアフガン侵攻を決断した動機について、元軍人や政府関係者、改革派などのロシア人に質問した。答えの多くは「ブレジネフはアフガンの民主化や改革について、何も考えてはいなかった」、「どうすればアフガンを支配できるか、それだけしか考えていなかった」というものだった。その中で、モスクワ国際関係大学出身の青年の答えが印象に残っている。「もしブレジネフに、アフガンの民主化を考える発想があれば、アフガンより先に、まずソ連国内の改革に着手していたはずだ」。

ソ連の軍事・経済援助

アフガン侵攻の動機を分析するには、ソ連によるアフガンへの軍事と経済の支援過程を辿ってみる必要があるだろう。まず軍事面について見てみよう。アフガン政府が軍隊の本格的な近代化に取り組んだのは一九五〇年代で、ソ連、東欧諸国から戦車、爆撃機、戦闘機、ヘリコプター、小火器などを支援してもらう方法をとった。外国から初めて武器を購入したのは一九五五年で、チェコスロバキアから自動小銃など三〇〇万ドルに相当する武器を輸入した。翌五六年には、ソ連から三二四〇万ドルの武器を購入し、「アフガン軍のソビエト化」が始まった。ソ連の軍事援助額は一九七八年までに一二五億ドルにも達し、ソ連の経済援助額と同じ金額にのぼっていた。

一九五六年当時の兵力は、兵員四万四〇〇〇人、警察官は二万人で、兵士の装備は古典的な小銃が中心であった。空軍も二五機のプロペラ戦闘機しかなかった。ところがソ連軍侵攻の前年である一九七八年の段階では、陸軍一〇万人、空軍一万人、それに警察官が三万人にまで増員され、兵士のほぼ全員がソ連製の自動小銃を携行する組織にまで発展したのである。こうした装備と組織の近代化によって、アフガン軍の兵力は飛躍的に強化されていった。この頃、アフガンの軍人三七二五人がソ連で軍事訓練と教育を受けている。ソ連はこの軍事訓練の中で、政治警察KGBによる情報部員の育成にも努め、彼らの中の何人かがソ連軍侵攻の際にソ連側に協力したとされている。

次に経済支援について見てみよう。ソ連の経済援助は、アフガン軍の近代化という軍事支援と並行して実施されてきた点を見落とすことはできない。ソ連軍侵攻の前までに終了した各種のプロジェクトは、道路建設、水力発電施設の建設、各種工場の近代化、農地改良や灌漑施設の導入など合計七一件にものぼり、これらのすべてにソ連人技術者が送り込まれて指導に当たった。こうした経済援助の総額は三〇億ドルにも達していた。またソ連はアフガン軍人と同様に、若者や社会人の教育をソ連国内でも行い、五〇〇〇人の学生がソ連に出かけて、大学や研究所で研修を受けたほか、理工系の技術者一七〇〇人が技術専門学校に留学した。

このようにソ連は、イギリスがインドの植民地支配から手を引き、「グレート・ゲーム」が終了した後、二〇年以上にもわたって政治、経済、軍事、教育を中心とする広範な分野で人的、物的投資を継続してきた。その結果は、アフガンがソ連最大の貿易相手国となり、ソ連最大の経済援助の対象国になった点に留まらない。設立まもない人民民主党を操縦することによって、アフガン政府の転覆と国家運営をソ連の意のままに行える環境を整備したのである。しかし、こうしてアフガンへの影響力を増大させていながら、なぜソ連は一九七九年末の時点に大規模な軍事侵攻を開始せざるを得なかったのだろうか。また、ソ連はなぜアミンを殺害し、新たにカルマルを政権に就かせる必要があったのだろうか。

アミンの対米接近

ソ連軍の侵攻と駐留は、アフガン側から見ると、最高権力者が外国勢力の意思によってアミンからカルマルに交代させられるという事件であった。この文脈でソ連軍の侵攻を考えると、政権交代が主たる目的で、軍事行動はそれをサポートする手段であった、ということになる。これとは逆に、軍事侵攻が主目的で、政権交代はあくまで軍事行動を正当化するための手段であったという見方もできる。しかし実際はそのどちらの要素をも含んだもので、政権交代と軍事侵攻が一体化した作戦、つまり政治と軍事が統合した対外戦略であったと理解すべきであろう。そのように考えた方が、一連の事態をよく説明できると思うからだ。そこで当時のアフガン情勢について、ソ連がどのような情勢分析をしていたかを見てみよう。

まず、アフガンの指導者アミンに対するソ連の評価であるが、前にも述べたように、アミンは前指導者タラキとは異なり、ソ連との間に距離を置こうとする政治姿勢がうかがえた。

アミンは当時、アフガン各地で頻発していた反乱や暴動を押さえることを目的とする「さらなるソ連の兵力増強は必要ない」と公言し、その一方でカーブルのアメリカ大使館筋との接近を画策していた。このためソ連は、アメリカがアフガン問題に介入してくることを極度に警戒した。対米接近を図るアミンは、ソ連指導部から見ると、実に好ましからざる指導者であり、ソ連はアミンの登場と同時に、速やかに退陣させる機会をうかがっていた。

問題は、いつ、いかなる根拠によって、またどのような方法を用いて退陣させるかであった。ソ連にとって一番好ましい状況は、アフガン内部における政争の結果、アミンが失脚し、新政権の要請でソ連軍が出動するというシナリオであった。しかし、アミンが作り出した政治体制は、もはや民主国家で起きる普通の政権交代や失脚といった事態が起こり得ない状況だった。アミン政権は、前タラキ政権と同様に、ほぼ完璧な独裁による警察国家体制を整えていたのである。多数派による非暴力的な政権交代や無血クーデターの可能性は皆無であった。そうするとアミンの排除には、暗殺という強硬手段しか残されていないことになる。その実行には、秘密を保持するため、ソ連軍部の特殊部隊が直接関与するしかなかった。

カルマルの擁立

ここでソ連側を悩ませたのは、アミン殺害後の新たな指導者をどう擁立するかであった。アフガン国内には、ソ連寄りの人物の中で実力者と呼ばれる者はいなかった。そこで、かつてタラキ政権から追放され、その後ソ連国内に潜んでいたカルマルを担ぎ出す道しか残されていなかった。またカルマル政権を樹立した後でも、しばらくはアミン前政権を支持する軍隊の一部の抵抗とイスラム保守層などからの暴動や反乱も予想された。そこで、従来からのアフガン軍の力では不十分であると判断し、大規模なソ連軍の進駐が必要であるとした。

一方アフガンに侵攻した場合、アメリカが軍事行動に出ることが予想された。そこで米軍機の攻撃に対抗する地対空ミサイルをアフガンに配備することにした。実際は、前述したようにアメリカはテヘランの大使館占拠事件や、パキスタンの米大使館放火事件などの対応に追われていたため、アフガンに関心を寄せる余裕はなく、またベトナム戦争の反省から、アフガン問題でソ連軍に対抗する大規模な兵力を投入する意思も計画もなかった。

以上のような見解をもとに、ソ連政府首脳は侵攻作戦に踏み切ったものと見られる。一二月二五日から二日間にわたって行われたアフガン侵攻作戦で、カーブルの宮殿にいたアミンはソ連軍特殊部隊に襲撃される。アミンを護衛する部隊は、戦車を中心とするソ連軍の激しい砲撃を受け、しばらく銃撃戦が続いたが、結局アミン側は全員が射殺され、アミン自身も殺害された。

この日、カーブルの国営ラジオは、新たな指導者にカルマルが就任したことを伝え、ソ連軍は新政権の要請に基づいてアフガンに派遣されたと放送した。しかしこの放送は、カーブルの周波数を使用してはいたが、実際はソ連領内(当時のウズベク共和国)のテルメスからの放送であることが後に判明した。またカルマル自身は、新政権の指導者になったものの、翌年一月一日までカーブルに姿を見せなかった。彼はソ連軍のヘリコプターで、カーブルの北にあるバグラム空軍基地に運ばれ、そこからソ連軍戦車に乗って首都に到着したと言われている。

ソ連の誤算

アフガンに駐留しているソ連軍の数は、八〇年一月の時点で八万五〇〇〇人に増加した。これによって主要な政府機関や主な都市はすべてソ連軍の管理下に置かれ、カルマル政権の統治は順調に滑り出したかに見えた。しかし武力介入という強硬手段によっても、アフガンの政治状況を安定させることは難しかった。

ソ連軍の侵攻は、政治と軍事の両面からアフガンを支援し、「ソビエト化」つまりソビエト寄りの確固たる安定政権を樹立することに最大の目標があった。しかしソ連の戦略には軍事面でのアフガン制圧、治安維持という設計図はあったものの、新政権をどのように擁立してゆくか、政治プロセスに対する展望が欠落していた。カルマルを頂点とする指導部を入れ替えただけでは、アフガンの政治が根本から変わることにはならない。だがソ連の首脳らは、キューバ、ベトナム、エチオピアなどにおける社会主義体制の実現が成功裡に進んだことに意を強くし、アフガンでも成功をもたらすものと確信していたに違いない。もしそうでないとすると、アフガンに対する長年の軍事・経済援助は大いなる無駄であり、ここに来てソ連軍の侵攻という積極策を採用する必然性はなかったはずである。

ソ連が目指したアフガンのベトナム化、もしくはキューバ化は侵攻と同時に着々と前進するはずだった。カーブルをはじめアフガン国内の主要な都市には、武装したソ連兵が配備され、反乱や暴動への監視が強化されていった。また政治顧問と称するソ連の民間人が、アフガン政府の閣僚を意のままに操縦する体制ができあがっていた。新年を迎えた首都カーブルでは厳しい警戒のため、暴動が起きる気配すらなくなっていた。

しかし人々が外出を控えたのは、あまりに厳しい冬の寒さによるもので、警戒が厳しかったからではなかった。アフガンの人々は、今後何が起きても不思議ではない政治情勢の行方を、じっと家の中から見守っていたのだった。だが、こうした表面的な平静さとは対照的に、カルマル新政権と政府軍の内部では、早くも深刻な事態が進行していたのである。

粛清と逃亡

共和制に移行したあとの歴代アフガン指導者は、人民民主党(共産党)の出身者で固められてきた。ところがソ連が擁立したカルマル新首相が、二つの主流派のうちのパルチャム派(旗派)

に所属していたことから、前首相アミンの系統であるハルク派(人民派)に対する粛清が始まるものと予想された。このためアフガン政府軍内部では、ソ連軍侵攻とアミン暗殺のニュースが伝わると、早くもハルク派の将校や兵士が次々と姿を消し始めた。パルチャム派の粛清を予測して、所属する部署を離脱し始めたのである。しかも将校や兵士らの大半が、自己防衛のためにライフル銃や機関銃、迫撃砲などを武器庫から持ち出して逃亡した。家族が住んでいる自宅に戻れば、やがては捜索の手が伸びる。そこで脱走軍人の多くは所在をくらますため、勤務地から遠く離れた山岳地帯や地方の農村に逃れて行った。やがてその一部は反政府ゲリラに加わることになる。また一部は、密かに家族や親戚と合流し、難民となってパキスタンやイランに脱出して行った。その中からゲリラに加わる者も多数いた。

新政権による粛清は、軍隊だけでなく政府機関の幹部職員の間でも始まった。国家公務員といえども、政府から命を保証されているわけではない。まったく根拠のない密告を理由に、いつ秘密警察に拘束されるかもしれないという危険性があった。身柄の拘束は時として死に直結していたため、政府機関に勤める公務員の中からも、密かに職場を放棄して行方が分からなくなる者が続出した。こうした政治の粛清は、ソ連軍の侵攻に直接起因するものではなかったが、スターリンが行ったと同様の大量粛清が、ダウド政権の登場以降しばしばアフガンで繰り返されてきたのも事実である。ソ連に留学までした人民民主党の指導者らが、ロシア革命や社会主義理論を学習する過程で、ソ連人教師がタブーとして教えなかったはずの秘密政治や恐怖政治といった権力闘争の暗い側面を学んだのは悲劇であった。

こうして政府組織や軍隊に生じた職務離脱による空白によって、組織が機能麻痺に陥ったのは至極当然であった。そこで要員不足を補うために、ソ連からはさまざまな分野の技術者や専門家ら非軍事の顧問団が派遣されることになり、その数は八四年までに一万人を上回るようになった。

アフガン政府軍の弱体化

さて、離脱者の発生によってアフガン政府軍は、指揮系統にも障害が生じ、各部隊の団結力は衰えるばかりだった。ソ連侵攻前の時点で空軍、陸軍合わせて一一万を超えたアフガン政府軍は、わずか一年のうちに三万人に激減するという異常な事態を迎えていた。軍隊組織の崩壊である。アフガン陸軍における一個師団の兵員数は約八五〇〇人で編制されていたが、ある師団では脱走兵士の数が五〇〇〇人にものぼるケースもあった。このため政府軍は、組織の再編制に取り組まざるを得ない状況に追い込まれた。一九八一年には一個師団が四五〇〇人ないし二五〇〇人という小ぶりな編制に縮小し、軍隊の体面をなんとか維持するのに手一杯だった。

このような事情から、ソ連軍は、ゲリラの反乱を押さえるためにアフガン政府軍と共同で作戦を実施するのは事実上不可能であると判断した。ソ連軍がすべての作戦の前面に出ることになり、アフガン政府軍はソ連軍を後方で支援するという役割分担に切り替わることになった。この役割分担の変更は、必然的にソ連軍の増派を求める事態となり、ソ連はさらに兵員二万人の増強を図ったのである。その結果、ソ連軍の兵力は、八一年春にはついに一〇万人の大台を越えた。

カルマル政権を支援するソ連軍とアフガン反政府勢力との戦いは、侵攻翌年の八〇年、春の訪れとともに本格的に始まった。ソ連側は、アフガンへの武力侵攻はあくまで反乱分子を掃討する戦闘行動が目的であり、いわゆるクリミア戦争や日露戦争などのような「敵対国との戦争」とは捉えていなかった。なぜならば戦争には、敵側に軍事作戦を指令する中心的な総指令部があり、この中核部分を破壊すれば、戦争に勝利したことになるが、反政府ゲリラにはそうした総司令部のような存在はなかったからである。しかし皮肉なことに、戦闘が長期化し泥沼化したことから、アフガンへの侵攻と介入は、ソ連が目標とした「アフガンのベトナム化」にはならなかった。むしろその実態は「ソ連のベトナム戦争化」に徐々に近づいていったのである。

3　侵略者との聖戦

ソ連のベトナム戦争

「ソ連のアフガン戦争」と「米国のベトナム戦争」とを比較する時、大きく異なった点を一つ見つけることができる。それは対戦相手の組織と性格である。アフガンのゲリラ戦では、戦争全体を指揮するホー・チミンのような確固たる指導者が存在せず、また指導者を支える軍事組織、権力機構も存在しなかった。強力な攻撃能力に欠けるゲリラ側の弱点は、半面で「強さ」にもなった。アフガン・ゲリラも南ベトナム解放民族戦線の場合も、途絶えることのないゲリラの抵抗によって、戦局はいつしか果てしない消耗戦となり、これが米軍やソ連軍の撤退を決意させる大きな要因になったからである。

しかしアフガンの場合、ソ連軍が撤退したあとは、新しい指導者を生み出すことも、ゲリラ組織の統一を図ることもできなかった。それればかりか最終的にはゲリラ間の熾烈な武力闘争を招来させることになり、新たな内戦への道を作り出してしまった。ソ連軍が侵攻した一〇年の間に指導者を生み出すことができなかった後遺症は、タリバーン政権の崩壊後にカルザイ暫定政権が誕生する過程でも露呈することとなった。

ではなぜゲリラ組織の統一が遅れ、強力な指導者が生まれなかったのだろうか。この命題は、人民民主党を含むアフガンの社会主義者の組織、あるいは民族主義者のすべての組織についても言えることである。「アフガンになぜホー・チミンやガーンディが生まれなかったか」という問いは、筆者によれば、「アフガンの人々が誰をホー・チミンやガーンディにするか」とほぼ同義語であると解釈できる。しかしこの問題は改めて別の章で考察することにしよう。

ムジャーヒディーンの戦闘

ここではゲリラ組織の歴史と活動について辿ってみる。一九七〇年代に各地に生まれた武装勢力は、当初は単にその地域の指導者に抵抗し、自らの利益を擁護するための反乱や暴動を引き起こす小集団が活動の母体だった。政府転覆といった大きな政治目的を掲げる組織ではなかった。しかし一九七三年、王制が廃止され、急速な近代化や社会主義化の波が進むと、イスラム教徒や保守層を中心とする勢力が伝統を守るために立ち上がり、政府や秘密警察の弾圧に対抗して武器を持って戦い始めた。アフガンでは警察力が弱いため、農民、市民、遊牧民、商店経営者ら普通の人々が自衛のために武器を持つのが一般的であった。このため集団間の紛争や対立は、そのまま武力による決着に結びつく傾向があり、銃撃戦に発展することも珍しくなかった。アフガンの国内政治における権力闘争が頻繁に暗殺やテロという手法によって繰り返されてきたこともあって、対抗上、反政府グループ側も武装闘争を行うことに抵抗感を覚えなかった。

カルマル政権が登場するまでは、反政府グループの標的は政府機関ならびにアフガン軍であったが、ソ連軍の侵攻前後からは、主な標的はソ連軍とソ連政治顧問団に移行した。武装グループは秘密組織を都市部に維持することが難しいため、地方の山岳地帯や農村などに拠点を作り、ソ連軍施設に攻撃をしかけては逃げ帰るという、「ヒット・エンド・ラン」のゲリラ戦を展開した。「ゲリラ」という用語は、第二次大戦後は、帝国主義勢力や植民地主義勢力などの旧体制の打破を目指すグループを称する言葉である。だがアフガンでは、皮肉にもソ連軍と戦う武装グループを示す言葉として、西側の報道機関が使用することになった。これに対してソ連政府もソ連報道機関も、アフガンの武装勢力に対しゲリラという言葉は一切使用していない。

一方、武装勢力もまた、自らをゲリラと呼ぶことに抵抗を感じていた。彼らは自らを「イスラムの戦士」という意味の「ムジャーヒッド」と呼んだ。その複数形が「ムジャーヒディーン」である。ムジャーヒディーンという呼称が使用されたのは、一九世紀初めのことで、現在のパキスタン北西辺境州をイギリスの支配から解放することを求めたインドのイスラム教徒が最初に使用したものであった。

また、ソ連軍との戦いを「ジハード」と呼んだが、アラビア語のジハードは、ムジャーヒディーンよりも古く、一一世紀頃から中央アジアやペルシャなどのイスラム圏で使われた。イスラム教徒を脅かす他宗教の「侵略者に対する戦い」を称して使われ、防衛的な戦いを意味していた。

ジハード

アフガンの武装ゲリラがソ連軍との戦いをジハードと呼んだことは、無神論を掲げるソ連軍との戦いの性格を明確かつ効果的に規定するものであった。アフガンを脱出した難民たちだけでなく、パキスタン、イラン、中東諸国に広がる多数のイスラム教徒にとって、これ以上分かりやすい定義づけはなかった。アフガンでの戦いは、単なる部族の反乱ではなく、侵略者を排除する聖なる戦いであり、「宗教的な大義」を帯びることになった。その意味でソ連軍は、アフガン侵攻によって、思いもよらぬ宗教戦争を引き起こしてしまったことにもなる。「ジハード」によって、世界のイスラム教徒からは、精神的な支援だけでなく、食料物資や医薬品、資金や武器までがゲリラ側に送られてくるようになった。またジハードという言葉は、それまで理念に乏しかったゲリラ組織に精神的な支柱を与える一方、戦場のムジャーヒディーンたちを奮い立たせ、死をも恐れぬ戦士たちを続々と輩出させる効果もあった。

これとは逆に、ソ連軍における戦意の喪失は著しかった。ヒトラーがモスクワに侵攻した際にソ連兵が抱いたような「自分の国を守る」という精神的な支柱を、アフガンのソ連兵が持つことは所詮不可能であった。ソ連軍の戦意喪失とゲリラ側の戦意高揚という対照的な気分が、その後の戦局に大きな影響を及ぼしたことは否めなかった。

アフガンのムジャーヒディーン組織の特徴は、政党であるとともに武装集団であり、また宗教、文化のオピニオン・リーダーであるという点である。ゲリラ組織のうちイスラム教スンニー派を信奉する組織の多くが、運動拠点をパキスタンのペシャワールかその周辺地域に設けた。ペシャワールには難民キャンプが集中し、数十万人が避難生活を送っていたからである。これに対しイラン側に脱出した難民らは、シーア派ゲリラ組織を作ったが、革命後のイランはイラクとの戦争に入ったため、アフガン難民への支援が弱く、スンニー派の組織と比べると、シーア派組織の動きは活発にはならなかった。

七つのゲリラ組織

ペシャワールに集まった主なゲリラ組織は、政治理念や指導者集団の出身地などから一九八〇年の段階で七グループを数えた。大別すると「イスラミスト」(Islamist)と呼ばれるラディカルな原理主義グループ(四つの組織)と、「伝統派」(Traditionalist)と呼ばれる伝統的な民族主義グループ(三つの組織)に分かれる。原理主義派は、ソ連との戦いをイスラムの教義に基づいた闘争と規定し、アフガンに厳正なイスラム国家を樹立するという目標を掲げた。これに対し民族主義派は、戦闘をソ連からの国民的な解放闘争と見なし、イタリアに亡命したザヒル・シャー元国王の復帰と立憲君主制国家の樹立を目標に掲げた。従って元国王の復帰については、原理主義派はイスラム原理に反するとして反対を表明した。

原理主義派の中で、一時は三万人規模の最大勢力を持っていたのが、指導者グルブディーン・ヘクマティアルを中心とする「イスラム党」(ヒズビ・イスラム)であった。この組織はパシュトゥーン人を中心とする集団で、ペシャワールに学校や職業訓練所などを作り、多くの難民からの支持を集めた。パキスタンの政治家、軍部、さらにはCIA(米中央情報局)との関係も良かった。しかしギルザイ族出身のパシュトゥーン人であるヘクマティアルは、アフガンでの麻薬生産と密輸に関係していると批判されたほか、後のタリバーン政権時代にはタリバーンとの関係も取り沙汰された。このためイスラム党から分派して、新たなゲリラ組織を作ったグループもある。イスラム党より穏健な組織で、イスラム党を上回る多数の支持者を集めたのが「イスラム協会」(ジャミアティ・イスラム)である。指導者は、アフガン北東部バダクシャン州出身のタジク人であるブルハヌ

グルブディーン・ヘクマティアル

ブルハヌディーン・ラバニ
(共同通信社)

ディーン・ラバニだった。この組織は、主に北部諸州のタジク人や非パシュトゥーン人を中心に構成され、ゲリラの中で一番戦闘能力のある組織だった。指導者ラバニ以上に西側のマスコミに名前を知られたのが、司令官アフマド・シャー・マスードだった。彼はパンジシール渓谷に戦闘拠点を構え、ソ連軍のたび重なる攻撃をかわす一方、ソ連からカーブルに物資を輸送する際の重要な幹線ルートを急襲し、サラン・トンネルを爆破して通行止めにするなど、ソ連軍にいくたびも立ちはだかった。マスードは、勇敢な戦いぶりから「パンジシールの獅子」と呼ばれ、アフガンの将来を担う一人として期待されたが、二〇〇一年九月、米同時多発テロ事件の直前にアラブ人記者を装った二人組の自爆テロリストに殺害されてしまう。犯人二人は、国際テロ組織アルカーイダのメンバーと見られている。

一九八一年一二月、ペシャワールの難民キャンプを取材した私は、イスラム協会の本部を訪れ、ラバニ氏にインタビューをしたことがあった。アフガンの解放を目指すラバニ氏は「ペシャワールに集まったすべてのグループがまず統一することが必要だ。ペシャワールの七グループが団結できないようなら、アフガンの解放も統一国家の実現も難しい」と述べ、分裂状態の各派に対し、統合を呼びかけた。ラバニ氏はソ連軍撤退後に、内戦の勃発までの短い期間だったが大統領に就任し、国連から国家元首として承認された。

一方、民族主義派には「イスラム革命運動」や「イスラム国民戦線」、「国民解放戦線」といった組織がある。これらの組織はメンバーが一〇〇〇人以下のものが多く、ゲリラの一部が麻薬取引や武器の密輸などに関与しているものもあった。

難民への国際支援

アフガンからどのくらいの難民がパキスタンやイランに流出したか、正確な数は不明であるが、ソ連軍侵攻とそれに続く内戦の激化によって、世界の歴史上、最大規模の難民が生まれたのは事実であった。一九九〇年のピーク時にパキスタンには、難民の登録をした人々に限っても三三〇万人が暮らしていた、と国連難民高等弁務官事務所(UNHCR)は発表している。さらに難民キャンプには、難民登録をしていない人々が七〇万人ほど含まれていた。従ってソ連軍侵攻後の二〇年間の難民総数は四〇〇万人と推定され、パキスタンは世界最大の難民保有国となった。難民キャンプの数も難民の増加に比例して増え続け、合計三三四か所に達した。キャンプが作られた場所は、七割が北西辺境州と、通称「トライバル・エリア」と呼ばれて部族による自治が認められている国境沿いの「自治区」に集中していた。

一方、イラン側には一時パキスタンを上回る難民が流出したが、一九九〇年の段階では二九四万人の難民が暮らし、世界第二位の難民保有国となっていた。イラン側に出た難民は、キャンプに暮らす者はわずか三パーセントしかおらず、大半の難民がイラン国内で物売りや道路の補修工事、清掃作業の手伝いといった未熟練労働に従事していた。

アフガン難民は、このように国外に脱出した人々ばかりではなかった。アフガン国内にも二〇〇万人の難民が存在した事実はあまり知られていない。これらの国内難民は自分たちの居住地を離れたが、国境を越えることはなく、戦闘行動のない山岳地帯の谷間や渓谷の流域などに潜み、ソ連軍の攻撃や戦闘から被害を逃れようとした。こうした難民のすべてを合計すると、一九九〇年にはアフガン全人口の実に四二パーセントが、本来の居住場所を離れて難民になった計算になる。なぜこのような大量の難民が生み出されたのであろうか。その原因は、ソ連軍の攻撃が都市部のみならず、山岳地帯を含めたアフガン全域に広がったためだった。ソ連軍は農村地帯にゲリラが潜んでいるとの理由で、小集落にある泥の家から灌漑施設に至るまで、疑わしい地点をすべて攻撃対象にし、ヘリコプターや爆撃機による空からの無差別攻撃を行った。

では、こうした難民の増大に対し、国際社会はどのような対応を見せたのだろうか。ソ連軍侵攻の直後は、アメリカを中心とする当時の西側諸国は一斉に反発した。まずアメリカは侵攻直後の八〇年一月、ソ連への報復措置を発表し、ソ連と締結したばかりの戦略核兵器制限条約

SALTⅡの批准を行わない方針を決めたほか、ソ連への家畜用飼料、穀物の輸出を禁止した。さらにモスクワで開かれる予定だったオリンピックのボイコットを決め、西側各国に同調を呼びかけた。一方、国連も特別緊急総会を開き、アフガン侵攻を非難する決議を行った。また中東を中心とするイスラム諸国三六か国の外相がパキスタンに集まり、ソ連軍の即時撤退を決議したほか、非同盟諸国の外相もインドのデリーに集まり、侵攻を非難した。

しかしこのような西側諸国や非同盟諸国の非難だけで、ソ連が軍事行動を直ちに中止するとは西側諸国も当初から考えてはいなかった。むしろソ連の軍事行動を中止させる上で、有効な制裁方法がなかったと言った方が的確であろう。

紛争の拡大

カーター米大統領は、多数の難民を抱えるパキスタンに対し、軍事と経済の援助を決めたが、その額は四億ドルで、パキスタンのジアウル・ハク大統領は「ピーナッツ」(はした金)程度の援助に過ぎないと不満を表明した。私は、そのハク大統領と一九八一年、イスラマバードで会見を行ったが、その際に同大統領は「アフガン難民を支援するためには、西側諸国からの援助が是非必要だ。特に日本からの支援を強く期待している」と述べた。八一年にアメリカの大統領がカーターからレーガンに交代すると、パキスタンへの援助額は一挙に三二〇億ドルに増大した。

パキスタンを経由したアフガン難民とゲリラに対するアメリカの援助は、このあと増加していった。

アフガンへの援助に関係した国は、当初はアメリカ、パキスタン、イラン、サウジアラビアであった。ソ連軍の駐留が長引くにつれて、支援国はさまざまな国に広がっていった。イギリス、フランス、西ドイツ、ベルギー、スウェーデン、オランダ、デンマーク、ノルウェー、イタリア、エジプト、クウェート、スーダン、カナダ、オーストラリア、韓国、日本である。このうちエジプトはゲリラへの武器の提供と、兵士の訓練に重点を置いた支援を行った。一方、ソ連と同盟関係にある東側諸国もアフガンへの支援を行った。ベトナム、ブルガリア、キューバ、東ドイツ、チェコスロバキア、北朝鮮、インド、エチオピアなどである。

このようにソ連のアフガン介入は、宣戦布告のないまま、実質的には戦争の形態にずるずると移行していった。同時に、世界の多数の国々を巻き込むことになった。「地域紛争」として始まったアフガンでの戦闘は、いつしか多数の国が関与する「グローバルな紛争」に性格を変えていった。またこの紛争は、米ソが直接戦火を交えることはなかったが、間接的な米ソ対決の様相を帯びていた事実も見逃すことはできない。

ゲリラの反攻

ソ連の軍事行動が始まった当初は、ゲリラ組織に対する西側諸国からの軍事的な支援は少なかった。ゲリラはすべての武器、弾薬を外国から調達するしかなかったが、その兵器は小口径の対空火器や自動小銃程度であった。これに対しソ連側は戦闘機などの航空兵力をはじめ、火砲、戦車、装甲車など当時ソ連軍が誇る最新兵器を多量にそろえた。両者はさながら「白熊」と「山羊」の戦いにたとえられた。

ゲリラ側は地上戦でソ連軍と真正面から対決できる状態ではなく、ソ連軍を山岳地帯に呼び込み、地形を利用して攻撃する戦術しか取れなかった。また昼間の戦闘ではソ連軍のヘリコプターから空爆を受けるため、兵士は夜間に移動し、ソ連軍基地に夜襲をかけるなど、まさにゲリラ的な奇襲作戦を取るしかなかった。このような圧倒的な兵力の差によって、個々の戦闘では概してソ連軍が勝利を収めたケースが多かったのである。

ところが、それではソ連軍がアフガンの戦局全体を優位に展開し、支配していたかというと、必ずしもそうではなかった。ソ連の支配地域は都市部とこれをつなぐ幹線道路沿線だけに限られ、一歩山岳地帯に入ると、そこはもうゲリラ側の支配地域となっていた。山岳地帯を拠点とするゲリラを掃討するために、ソ連軍は大量のヘリコプターを送り込み、その数は一〇〇〇機近くにも達した。しかしこのヘリコプターによる大規模空爆にも弱点があった。標高五〇〇〇メートルを超える山々が連なるアフガンでは、主要都市の標高も高く、カーブルでは一八〇〇メートルもある。このため地上からの攻撃を避けるには三〇〇〇メートル以上の高度を飛行したいところだったが、空気密度の関係でヘリコプターは低空飛行を余儀なくされた。またアフガンの気候は一年の大半が乾期で、特有の砂嵐がヘリコプターの操縦を難しくしたり、計器類の故障をもたらしたりした。ソ連の最新鋭ヘリコプターを持ち込んでも、アフガンの空を完全に自由にすることはできなかったことになる。

その一方で、戦闘の中盤からは、中東諸国や西側諸国からゲリラに対する武器援助が拡大し、射程距離の長い機関砲やミサイルが導入されることになった。なかでもヘリコプターや航空機がエンジンから発する熱を追尾する米国製スティンガー・ミサイルをゲリラが入手したことで、ヘリコプターが相次いで撃墜され始めた。ゲリラに渡ったミサイルは、ソ連軍にとって大きな脅威となり、ソ連軍によるアフガンの空の支配が崩れ始めたのである。

4　新思考外交とソ連軍撤退

ソ連経済の停滞

戦局が徐々にゲリラ側に有利に推移すると同時に、ソ連の指導部にも大きな変動が訪れた。侵攻から三年目を迎えようとした八二年一一月、ブレジネフ書記長が死去した。後任の指導者アンドロポフも八四年二月、高齢のために亡くなり、続くチェルネンコ書記長も病弱のためわずか一年間の執務を行っただけだった。相次ぐ指導者の交代は、ソ連社会の内部で進行していた矛盾への対応を遅らせることになった。

その最大の問題は経済の停滞である。ブレジネフ時代の末期からゴルバチョフの登場に至る一〇年ほどの間にソビエト経済は大きな下降局面に入っていた。ソ連市民の生活物資の不足は、主食のパンや肉の不足にまで至り、農業生産と工業生産の落ち込みは市民生活を困窮に陥れていた。当然、経済発展をとげる西側諸国との格差は広がるばかりであった。これらの要因には、国営企業による市場の独占システムや配給制度、特権階級(ノーメンクラトゥーラ)の存在、石油産出量の減少など多様な要素が複合していた。なかでもソ連の軍事費が国家予算の三〇パーセント以上を占め、国家財政を圧迫していた点が大きかった。

当時のソ連市民は、外国の報道関係者などとの接触を厳しく禁じられていた。そうした監視社会にもかかわらず、国営通信社で働いていた一人のカメラマンが私にアフガン情勢について時々伝えてくれた。アフガンでは多数のソ連兵士が死んでいること、政治顧問団としてアフガンに滞在していた自分の学友が銃弾に当たり死亡したこと、その死亡については政府機関から連絡はなく、仲間の友人からの手紙で死亡を知ったこと、さらに戦況がソ連側に有利には展開していない、といった情報であった。

アフガンからの報道は、すべてが厳しい報道管制を受けていた。新聞やテレビなどすべての報道機関が国営であるため、戦死者の公表など戦争の詳しい実態が伝えられる仕組みにはなっていなかった。ソ連当局も、その意向を受けたメディアも、西側諸国が指摘するような深刻な問題や市民に知られたくない問題については、意識的に隠蔽する体制ができあがっていた。そうした情報の閉塞社会にあって、アフガン情勢に批判の目を向け始めた人が、少数ではあったがソ連に存在していたこと自体、大きな驚きであった。少数の声が表に吹き出てきたことは、ソ連社会の現状に満足しない人々が水面下に多数存在することを暗示していた。

ゴルバチョフの改革

ソ連のブレジネフ以来の歴代の指導者は、経済の停滞を自ら認めることはなかった。これに対し、チェルネンコ共産党書記長の後継者として一九八五年三月に登場したゴルバチョフ書記長は、経済の停滞を初めて認めた。当初は農業生産の回復など経済改革に主眼が置かれていたが、やがて「ペレストロイカ」(改革)と「グラスノスチ」(情報の公開)を掲げて政治、経済などソ連社会全般にわたる変革に乗り出した。

対外政策に関しては、シェワルナゼ外相の下で「新思考外交」を掲げた。その論理は、西側諸国に対する従来の対決型の外交路線を対話型に変更し、ソ連の軍事予算の軽減を図るものだった。またソ連が主導するワルシャワ条約機構の加盟国、つまり東側諸国に対しては、駐留するソ連軍の引き揚げを決めた。

これは、東側諸国それぞれの外交の独自性を認めることであり、同盟国に対し従来から強制してきた「制限主権論」の撤回を意味した。制限主権論は、ブレジネフ・ドクトリンの骨格を成す考え方で、ソ連が東側諸国を管理する上で、社会主義共同体の利益は個々の国家利益より優先するという外交理論である。従って、ソ連の「一枚岩外交」が消滅し、ソ連と衛星国との関係は、「主従の関係」から「対等の関係」に転換させられることになった。

見方を変えると、この政策の転換は、対外政策よりも国内政策を重視する路線であった。長年にわたり膨大な国家予算を浪費してきたソ連軍部の世界戦略も、当然改革の対象となった。ゴルバチョフとシェワルナゼによる絶妙の外交コンビは、一方で米ソの核軍縮交渉を進め、他方で英、仏、独など西側先進国や中国との関係改善を着々と加速させていった。その結果、「東西冷戦」という言葉に象徴される世界政治の二極対立構造は、デタント(緊張緩和)に向かって大きく進路を変えることになった。

このようにソ連が一方的に発信した新たな方向転換は、当然のことながら、同盟国である東欧諸国やベトナム、モンゴル、キューバ、北朝鮮など社会主義政権や友好国の首脳部に強い衝撃を与えた。東ドイツなど各国に駐留するソ連軍の撤退日程が決まる中で、アフガンについてもゴルバチョフ自らが言及する機会がついに訪れた。

八六年七月、極東の軍事拠点、ウラジオストクを訪れたゴルバチョフは、アフガンから八〇〇〇人の兵力を撤退させると表明した。ソ連首脳がアフガンからの撤退を表明したのは初めてだった。ゴルバチョフはこの直前にワルシャワ条約機構の首脳を集めて、東ヨーロッパからのソ連軍の撤退を伝えたばかりであり、アフガンからも大半の兵力を引き揚げるシナリオを脳裏に描いていた。

ナジブッラー政権とソ連軍撤退

ゴルバチョフ政権がソ連軍の撤退を決めた理由は、アフガンでの戦闘に要する膨大な軍事費の負担であり、ソ連経済の破綻であった。ソ連政府がアフガンに投入した軍事費は、侵攻から撤退を開始する八八年五月までの九年間で、最低の年でも七〇億ドル、多い年には一二〇億ドルにのぼっていた。こうした軍事費のほかに、アフガンへの物資輸送のために、ソ連とアフガンとの国境を流れるアム・ダリア(川)に鉄橋をかけるなど各地で建設工事を行い、経済援助の総額は未発表ながら相当な金額に達したものと推定される。

またアフガンでの軍事作戦による人間の被害も大きく、死亡したソ連兵は一万五〇〇〇人を数え、負傷者は四万人にものぼった。正確な数字は明らかではないが、実際には死傷者の数は公表された数字の三倍にのぼるとする推計もある。一方、ゲリラ側の死者はソ連側よりはるかに多く、九年間の死者の合計は約六〇万人と推定されている。

ゴルバチョフがアフガン政策の変更を示唆したウラジオストク演説の三か月前に、アフガン国内では新たな政変が起きていた。ソ連軍の侵攻とともにアフガンの指導者になったカルマル革命評議会議長が、病気療養のためソ連に滞在しているとの報道が流された。そして八六年五月四日、カルマル議長が人民民主党書記長を解任され、秘密警察長官のムハンマド・ナジブッラーが政権を引き継いだとの発表が伝えられた。

新しい指導者のナジブッラーはカルマル前議長と同じように、人民民主党のパルチャム派に属していた。ソ連軍が侵攻する以前には、ハルク派から国外に追放されていた一人であった。

ムハンマド・ナジブッラー

突然の指導者の交代は、党内の決定によってもたらされたものではなく、ソ連の秘密警察KGBの決定によるものであることは、政府関係者の誰もが知っていた。ところが党内では、ナジブッラーが政権に就いた後も、カルマル前議長を支持するグループが抵抗を続け、ナジブッラー議長への批判を繰り返した。このため新政権の政治基盤は非常に不安定なものとなった。

この年の一二月、ゴルバチョフはナジブッラー議長をモスクワに呼び、アフガン問題に関するゴルバチョフ自身の見解を述べた。この会談で、ゴルバチョフはソ連軍の撤退がクレムリンですでに意思決定されていることをナジブッラーに伝えたのだった。ソ連にとっては、アフガン一国の将来よりも、自国の経済再建と西側諸国との関係改善の方がはるかに重要であった。ナジブッラーは、この会談でアフガン支援の打ち切りを最終的に宣告される形となった。

アフガンに帰国したナジブッラーとしては、自ら国内政治の打開を図らなければならない立場に追い込まれた。このため翌八七年一月、ナジブッラーはイスラム教徒を含めた新たな政府を作るために、「国民和解」を目指す政策を発表し、ゲリラ組織に話し合いへの参加を呼びかけた。またこの和解策を進める前提として、半年間の無条件停戦を宣言した。

こうしたナジブッラー政権の提案に対し、ゲリラ側は何の反応も示さなかった。ソ連の秘密警察に支えられて政権に就いたナジブッラーが、急に手のひらを返したかのように、イスラム教徒との連立政権構想を打ち上げたのである。あまりにも唐突な提案であり、何かカラクリがあるに違いないとゲリラ組織が疑ったのも無理のない話だった。提案はゲリラを説得するどころか、ゲリラ側は逆にナジブッラー政権の崩壊は近いと見なしたほどだった。

ジュネーブ和平協定

一方、アフガンからの撤退方針を固めたソ連は、国連の仲介で、関係国との合意を取り付けることに全力を挙げた。国連は一九八二年以来、アフガン紛争の停戦を目指してジュネーブで関係国を集め和平交渉を続けてきたが、遅々として進展しなかった。しかしソ連軍が撤退の方針を固めたことによって、交渉は一気にまとまる見通しとなった。和平協定は、八八年四月ジュネーブで調印されることになり、ソ連軍の撤退計画も決まった。

それによると撤退は調印から一か月経った五月一五日に開始され、九か月後の翌八九年二月一五日には完了することになった。調印式には、国連のデクエヤル事務総長が立ち会い、ソ連のシェワルナゼ外相、米国のシュルツ国務長官、アフガニスタンのワキル外相、パキスタンのヌーラン外相の四者が合意文書に署名した。また米ソ両国が覚書を交わし、アフガンへの「不干渉と不介入」を確認し合った。

この和平協定の調印には、ソ連がアフガンから撤退するための、いわば「通過儀礼」といった側面が存在した。つまり調印式は、ソ連の撤退について国際社会から承認を得るためのセレモニーでもあった。また協定には未解決の問題がいくつか残されていた。まず、アフガン情勢を左右するもう一方の当事者であるゲリラ組織の代表が含まれていなかった点である。調印に出席したナジブッラー政権の代表は、アフガンの一部の人々を代表していたに過ぎない。国民のほぼ半数を占める、難民やゲリラの代表が参加していないのは何とも不自然であった。さらにナジブッラー政権の正当性とその存続についても、協定はなんら言及していなかった。

当時、駐在していたモスクワからジュネーブに出かけ、調印式を取材した私は、もう一つ別の感慨を抱いたことを覚えている。それは、この調印式が一つの時代の終わりを告げていたからであった。ロマノフ王朝期に始まったロシアの南進政策が、約二〇〇年の歳月を経て、ついにこの日、終焉を迎えたのである。ロシアのライバル、イギリスがインド大陸から撤退してから四一年後のことであった。

第4章

◆

内戦とタリバーン支配(1990〜2001)

——イスラム原理主義と国際テロ組織——

タリバーン兵士(1996年, ロイター＝共同)

1 冷戦の終結がもたらしたもの

予期しえぬ展開

ジュネーブ和平協定の調印から四週間が経過した一九八八年五月中旬、私はモスクワからソ連製ジェット旅客機イリューシンに乗ってカーブルに向かっていた。五月一五日に開始されるソ連軍の本格的な撤退を取材するためであり、同時にソ連軍が去ったあとのアフガン情勢の行方を見定めるつもりであった。飛行機の窓から東の方角を眺めると、白雪をいただいたヒンドゥークシュの峻嶺が厳《おごそ》かなたたずまいを見せて聳えている。積雪のない眼下の山間には、小さな集落がところどころに見えた。この集落に身を潜め、アフガン政府軍とソ連軍への抵抗を続けてきたゲリラたちも、長かった戦乱からまもなく解放されることだろう。彼らは新たな国家の樹立と荒廃した大地の再建にようやく取り掛かることができるのだと、私はアフガンの未来に強い期待を寄せていた。

期待を抱いたのにはいくつかの根拠があった。まず、ソ連軍の支えがなくなったナジブッラー傀儡政権が崩壊することは自明の理であり、崩壊の時期はそう遠くないうちに訪れると誰しもが考えたからである。そしてナジブッラー政権のあとには、ゲリラ組織の主導によるイスラム国家が樹立されることをゲリラ自身が確信していたからである。しかし、これらの予測と期待は大きく外れることになった。ナジブッラー政権の崩壊はすぐには訪れず、ゲリラ組織による新政権誕生の見通しも狂い始めたのである。

確定的と見られていた予測が大きく外れた背景には、アフガンを見守る世界の国々も、また当事者自身も予想しえなかった新たな二つの事態の発生があった。第一は、撤退後もソ連政府がナジブッラー政権に対し巨額の援助を続けたことであった。予期しなかったソ連の援助によって、退陣は必至と見られていたナジブッラー政権が息を吹き返した。政権はソ連軍撤退後の一九九二年三月まで三年間にわたって延命することになった。

第二は、ゲリラ組織の間で果てしない抗争が始まったことである。争いは理論や路線をめぐる政治闘争のレベルに留まらなかった。指導者間、グループ間の主導権争いが始まり、武力による勢力争いが頻発した。かつて、アフガンの共産党である人民民主党内でハルク派とパルチャム派が血で血を洗う抗争を繰り広げた時期があったが、その恐怖政治を思い起こさせるような事態がゲリラ同士の抗争にも派生した。抗争はやがて激しい戦闘と無差別攻撃にエスカレートしていった。新たな内戦の始まりである。

こうした内戦を停止させゲリラ組織間の和解を図るためには、強力な外部の仲介が必要であったが、不幸なことに国連をはじめアメリカやヨーロッパ諸国、そしてイスラムの同胞である中東諸国でさえも、混迷を続けるアフガン情勢に対し、次第に関心を失っていった。ちょうどその頃、国際社会はかつて経験したことのない大きな激動を迎えていた。ソ連を中心とする当時の東側世界、つまり社会主義体制下にある諸国家の大変動である。世界政治の構造的な変化の中で、アフガンへの関心は相対的に薄れてしまったのである。

本章では、二〇世紀終盤に起きた世界政治の構造的な変化を見据えながら、まずソ連軍撤退後のアフガンに発生した新たな事態を辿ってゆくことにする。次いで、イスラム国家を樹立するための暫定政権作りがなぜ失敗したのか、ソ連の軍事介入時を上回る激しい内戦になぜ突入したのか、そしてイスラム原理主義を掲げるタリバーン政権がなぜ突如出現したのか。そうした過程を眺めながら、米国のテロ事件をきっかけとした米英軍のアフガンへの軍事作戦の開始と、タリバーン政権の瓦解、さらには暫定政権の樹立へのプロセスを見てゆこうと思う。

弱者切り捨ての論理

ソ連軍部隊はアフガンに運び込んだ大半の兵器を残し、祖国に向けて撤退して行った。残した兵器の中には戦車、ミグ戦闘機、ヘリコプターなどゲリラ側が装備していない武器のほかに、重機関砲など多数の火砲類が含まれていた。私は撤退が始まった五月一五日、カーブル郊外の幹線道路の近くに出かけ、撤退するソ連軍部隊の模様を観察した。兵士らは護身用の小銃を身につけただけの軽装備でトラックの荷台や装甲車の上に乗り込んでいたが、笑顔はなく、帰還する喜びを表情からうかがうことはできなかった。

そんな無表情なソ連兵士を眺めている私の脳裏には、いくつかの疑問が次々と浮かんできた。ナジブッラー政権の将来はどうなるのか。アフガンの人々の暮らしが撤退でどのように変わるのか、変わらないのか。そして撤退のシナリオを描いた立役者であるゴルバチョフその人は、今後のこの国の行方をどう展望しているのだろうか。

それまでのゴルバチョフ書記長の言動から判断する限り、アフガンの将来について楽観的に見ているとはとても想像できなかった。もしナジブッラー政権の将来に大きな可能性があるならば、ゴルバチョフは私の目の前で進行しているソ連軍の撤退を決断するには至らなかったはずである。裏を返せば、ゴルバチョフはナジブッラー政権の将来について「いかなる期待も抱いてはいなかった」と見ていいだろう。

実はゴルバチョフは、ジュネーブ協定締結の直前にウズベク共和国(現在のウズベキスタン)の首都タシケントにナジブッラー大統領を呼び、首脳会談を行っていた。ゴルバチョフがなぜこの会談を設定したか、その理由は明白だった。アフガンからの全面的な撤退を決断した事情を自らナジブッラーに伝え、撤退後に予想される新たな事態に備えるよう示唆したのである。つまり有り体に言えば、この会談はソ連とアフガンとが結んだ二〇年間に及ぶ善隣友好条約の中途での打ち切りの宣告であり、同盟関係の解消を一方的に通告するセレモニーであった。そして撤退後もソ連が一年間ほどはアフガンに対し武器や資金の援助を行うとした約束は、決別に当たってのナジブッラー政権への手切れ金とも言えるものであった。

ゴルバチョフのそのような説明に対し、長年ソ連を理想の国家として描き、その社会主義イデオロギーを至高の理論として慕ってきたナジブッラー大統領の心中はどのようなものであったか、想像することは容易である。「ソ連という巨大国家とその最高指導者に裏切られた」とナジブッラーが憤慨したとしても不思議ではなかった。同盟国であり兄弟国として、両国は共通の国家経営を目指していたはずであった。その一国に生じた新たな状況によって、一方的に従来からの絆を断ち切る、という事態である。そこにはもはや連帯感も信頼感も存在してはいなかった。身勝手な強者による、弱者切り捨ての論理が見え隠れするだけであった。

だがその論理は、一五〇年前のアフガンで幾多の干渉と介入を試みたロシアのライバル、イギリスが既に証明していたはずである。ナジブッラーも、そしてその前任者である人民民主党の指導者らも、自らの歴史が経験した重要な教訓を生かすことができなかったことになる。撤退するソ連軍のトラックを眺めながら、アフガニスタンの歴史に生じたいくつかの悲劇は周囲の大国に拠るところが大きい、という思いが私の胸を去来した。

ナジブッラー政権延命の理由

ゴルバチョフがナジブッラー大統領に示した冷ややかな態度は、他の社会主義諸国の首脳らに対しても見られた。翌八九年の秋、東ヨーロッパを襲った革命の嵐の中で、東ドイツのホーネッカー議長やルーマニアのチャウシェスク大統領が政権の崩壊に直面した際にも、ゴルバチョフは目立った支援を送ることはなかった。事態の推移をなすがままに静観し、むしろ西側諸国に同調するかのような印象さえ残している。

このように見てくると、ゴルバチョフはナジブッラー政権の将来にまったく期待をかけていなかった事実が理解できる。それではなぜゴルバチョフは、アフガン撤退後に新たな兵器を続々と送り込んだり援助額を増加したりしたのだろうか。

そこには別の理由を考えなければならないだろう。すなわちゴルバチョフとしてはナジブッラー政権が急速に崩壊する事態だけはどうしても避けたかったという事情である。その背景には、アフガンと国境を接するソ連領内のイスラム系共和国、つまり現在のタジキスタンやウズベキスタンでの政治状況が反映されていたと考えられる。これらの地域では、アフガンと同じようにイスラム教徒が中心になり、ソ連邦からの離反を目指す動きが活発になっていた。もしアフガンにイスラム政権が誕生すれば、その影響がソ連領内にも飛び火することが十分予想されたのである。それゆえに、ゴルバチョフの期待どおり、ナジブッラー政権はしばらく生き延びることとなり、イスラム政権がアフガンに樹立されるまでには、なお多くの時間を要することになった。

しかし、歴史はなんと皮肉であろうか。ゴルバチョフが描いたアフガンのシナリオは、突然予測しえない物語に発展してゆくことになる。

それはナジブッラー大統領の政治生命より先に、ゴルバチョフ自身が権力の座から転落する事態が起きたことである。ソ連からの援助で延命を続けたナジブッラーが一九九二年までかろうじて政権を維持したのに対し、ゴルバチョフの方はナジブッラーより半年も早い一九九一年夏、クーデター事件をきっかけに退陣に追い込まれてゆく。しかもソ連のイスラム系共和国は、アフガンにその後発生する激しい内戦状況を経験することもなしに、それぞれがソ連から独立して国家を形成し、共産主義者に邪魔されることなく、「イスラム教を信仰する自由」を復活させたのである。

撤退後の軍事援助

ゲリラ側が驚いたのは、ナジブッラー政権に与えられたソ連製武器の中に最新鋭の兵器がいくつか含まれていたことであった。その中には核弾頭の搭載が可能な地対地戦術ミサイル「スカッドB」もあった。「スカッド・ミサイル」という名称は、その後の湾岸戦争でイラクがイスラエルに向けて発射したことにより世界的に知られることになったが、最大射程が二八〇キロに及ぶ中距離弾道弾である。これをアフガンに持ち込んだソ連は、完全撤退を目前にした一九八八年の冬、実戦に使用した。このミサイルの発射を手伝うために、軍事顧問団もアフガンに送り込まれていた。ソ連軍の駐留が終焉を迎えようとするさなかに、いかなる理由でこのようなミサイルを使おうとしたのだろうか。

その意図するところは、明らかに実戦でのテスト発射であった。そして二か月余りの間に、ゲリラ側の戦略拠点に向けて約一五〇発ものスカッド・ミサイルが発射されたのである。しかしこの戦術ミサイルによるゲリラ側の被害は予想より少なく、逆にこのような大型兵器が山岳地帯の戦闘にはほとんど役に立たないことを証明する結末になった。強いてミサイル導入による成果を挙げるならば、大型ミサイルを使用したことによるゲリラ側への心理的な威圧感だけであった。

スカッド・ミサイルより大きな効果を挙げたのが、年間三〇億ないし四〇億ドルにも増額されたソ連からの財政援助であった。この資金援助によってナジブッラー政権はアフガン政府軍の大幅な整備に取り組んだ。山岳地帯や地方に拡散する不要な軍事拠点を整理し、カーブル、カンダハール、ヘラートなどといった都市部の防御を中心とする新たな戦略に転換した。かつて秘密警察の長官を務めたことのあるナジブッラーは、都市の労働者をはじめ地方の農民や難民、敵側のゲリラにまでも働きかけて買収し、自らの陣営に取り込む工作を展開した。長い戦乱で職を失っていた都市の商人や勤労者らは、次々に政府軍兵士や警察、民兵隊などに徴用されていった。その結果、組織の結束力は別としても、数の上から見る限り民兵を含むアフガン政府軍の総兵員数は、ソ連軍介入の全期間を通じて最大の二〇万人にも膨れ上がった。

ソ連軍が撤退してから五日目の二月二〇日、ナジブッラー大統領は放送を通じてアフガン全土に非常事態を宣言し、内閣改造にも着手した。人民民主党員ではない閣僚をすべて排除し、信頼できる党員で内閣を固めた。その一方で政権の外部に向けては、ゲリラに対して柔軟路線に移行したかのようなポーズを見せ、自らをイスラム教徒であるとか民族主義者であるとの発言を繰り返した。社会主義者からイスラム教徒への豹変ではあったが、その意図はイスラム教徒との対話路線を探ることにあった。ナジブッラー大統領としては、ソ連軍の後ろ盾《だて》がなくなった今、従来からのイスラム・ゲリラとの対決路線を進めるだけでは、事態の打開どころか、自らの滅亡を招きかねないと認識していたことになる。

ジャララバードの攻防戦

政権奪還を目指すゲリラ側にとって、ソ連軍の撤退は長い間待ち望んだ千載一遇の好機であった。それまでばらばらだったゲリラ組織は、撤退直後の八九年三月、ようやく意思の統一を図り始めた。首都を取り戻すために、各派が団結し一斉に軍事攻勢に打って出る方針がムジャーヒディーン指導者の間で決まったのである。まずゲリラが選んだ攻撃目標は、首都カーブルとパキスタン領ペシャワールのほぼ中間地点にある都市ジャララバードを攻略することだった。

この街は内戦前の人口が約一五万で、カーブルからインド方面に通じる歴史的な街道を東に一〇〇キロほど進んだ地点にある。紀元二、三世紀頃に建造された多数の仏教遺跡でも知られる古都である。パキスタン領内にある各派の出撃拠点からも近く、政府軍に比べ近代兵器に乏しいゲリラ側としては、ロケット砲や機関砲などの武器弾薬の補給面で条件が良いと考えた。またこの都市を制圧することによって首都カーブルへの進撃は容易になり、アフガン政府軍の喉元にナイフをつきつけたかのような政治的な効果も期待された。従ってジャララバードの攻防は、ゲリラにとっては首都カーブルを共産主義政権から解放する上で、極めて重要な前哨戦であった。一方、ナジブッラー政権にとっては自らの存亡を賭け、決して敗北は許されない厳しい防衛戦の性格を帯びていた。

ところが戦闘が始まってみると、戦局の行方は大方の予想に反する方向へと進行していった。四か月に及ぶゲリラ側の猛攻はすさまじいものだった。にもかかわらず、政府軍が必死でジャララバードを守り抜き、結局ゲリラ側は攻略することができなかったのだ。政府軍は一万人の兵力を動員してこの戦闘に備え、ゲリラ側は二万人以上が戦闘に加わった。参加した双方の兵力数と期間から見る限り、この戦闘はソ連軍が駐留していた時期には見られない本格的な地上戦であり、アフガンの過去に例のない大規模な軍事衝突と言えるだろう。

ゲリラ側の目標は政府軍の支配する五キロ四方の地域を攻略し、政府軍をこの街から退去させることにあった。単純な攻防戦である。ゲリラは毎日のように多量のロケット砲を撃ち込み、その数は日に一〇〇〇発を超える時もあった。しかし熾烈な戦いにもかかわらず戦局に変化はなく、戦火は夏になってようやく下火になった。この戦闘でのゲリラ側の戦死者は一万人にものぼった。ソ連軍が駐留していた九年間に、ゲリラ側に生じた戦死者数は年平均一万人前後であったから、ゲリラ側は一年間分の死者をわずか四か月の戦いで出してしまったことになる。しかもゲリラ組織の発表に基づけば、参戦したゲリラ兵士のほぼ半数が戦死したのである。これに対し政府軍側の死者は三〇〇人と発表された。

ゲリラ側の誤算

なぜゲリラ側が敗北したのだろうか。その答えは明らかだった。全体の作戦行動を統括する司令官がいなかったのだ。ゲリラ側は各組織がばらばらに攻撃を繰り返し、計画的な戦術も戦略もなしに闇雲にロケット砲を撃ち込んだり、市内への無謀な突入を敢行したりした。ムジャーヒディーンと呼ばれた戦士の集合体であるゲリラ組織の弱点が曝き出されてしまった。組織には、実力者としての司令官は存在したが、司令官の命令を伝える仕組みや規律がなく、地上戦における戦術も十分には訓練されていなかった。

これに対して、政府軍にはソ連軍で教育を受けた多数の兵士が参戦し、ソ連軍が残した武器を有効に活用した。撤退したはずのソ連軍兵士の一部は、アフガン兵の服装を着けて後方から密かに政府軍を支援した。またソ連国内から毎月三億ドル相当の燃料や食料などをピストン輸送でアフガンに空輸し、戦時下のナジブッラー政権を助けたのである。

ジャララバードをめぐる攻防戦の歴史的な意味は、戦闘行為の勝敗そのものよりも、戦闘結果がもたらした政治的な効果にあった。すなわち敗北すべきナジブッラー政府軍が勝利を手にし、勝利すべきゲリラ連合軍が敗北を喫したことによって、ゲリラ各派の間では敗北の責任を問う議論が湧き上がった。他の組織を非難し合う内紛が始まり、ようやく一枚岩に成りかけた集団が再び分裂の方向に迷走し始めたのである。

ゲリラは確かに戦闘集団であり、武装集団であった。またイスラム精神を掲げる宗教集団という側面もあった。しかしジュネーブ協定がゲリラを調印式のメンバーから排除した理由のとおり、近代民主政治における「政党」、あるいは「政治結社」の実態に欠けていたのである。ゲリラ組織に一番欠落している部分を、ジャララバードの戦闘が露呈する結果になった。そしてゲリラの各指導者の間では、ナジブッラー政権はその基盤が予想以上に強固であり、手ごわい相手であるとの認識が広がった。一方、ナジブッラー大統領はこの戦闘を持ちこたえたことによって、政権維持に一息つくことができたのである。

冷戦終結と湾岸戦争

ナジブッラーは、確固たる統一組織を生み出せなかったゲリラ側の失策によって、かろうじて政治生命を引き伸ばすことができた。ジャララバード攻防戦の後、三年にもわたり政権を維持することができたが、その政権運営は苦難に満ちていた。

一方この三年間に、世界では革命や戦争など大きな事件が相次いで起きていた。その大半はアフガンと同じ社会主義諸国で起きたものである。世界の目はそうした激動の世界情勢に集まり、相対的にアフガンへの関心が薄れていったのもまた事実であった。確かにアフガンの政治状況は、東欧や中東で起きた事象とは無関係に推移していたかのようにも見える。しかしナジブッラー政権も、結局この国際政治の大変動から逃れることはできなかった。

ジャララバードの攻防戦が山場を迎えた一九八九年四月、同じ共産主義体制にある東の隣国中国で民主化要求デモが高まり、六月には天安門事件へと発展していった。民主化を要求する運動は、同じ頃東欧諸国の各地でも発生した。まず六月にポーランドで行われた国会選挙では、自主管理労組「連帯」を支持する候補者が圧勝した。改革を求めるうねりはハンガリー、チェコスロバキアにも波及し、共産党の一党独裁体制の否定や言論の自由の保障などを求める大規模なデモが相次いで繰り広げられた。民主化の嵐はついに東ドイツにも飛び火し、一一月には東西対立の象徴だった「ベルリンの壁」が崩壊した。

一連の激動は「東欧革命」と呼ばれたが、そのエネルギーは一二月に入ってルーマニアのチャウシェスク独裁政権を倒し、ようやく第一幕を閉じた。東欧における社会主義政権あるいは共産主義政権の崩壊は、アジアにも大きな影響を与えることになり、インドシナ半島のベトナムとカンボジアでも政治路線の変更や軌道修正が行われた。

東欧革命の第二幕は、翌九〇年からソ連に引き継がれた。ソ連政治体制の転換を求める改革派の動きと、これを阻止しようとする保守派の力が衝突し、九一年八月のクーデター事件に発展した。保守派がクレムリンを占拠してゴルバチョフ政権を打倒し、権力を握ろうという試みだったが、エリツィンに阻まれて失敗し、結局この年の一二月、ロシア革命以来七四年間にわたるソ連の社会主義政権はついに終焉を迎えた。ソ連邦を構成していた一五の共和国がそれぞれ独立したのである。

一方、一九九〇年八月、アフガンに近いペルシャ湾ではイラクによるクウェート占領事件、いわゆる湾岸危機が起きた。このため米国を中心とする多国籍軍が報復措置として九一年、イラクへの武力攻撃を行った。湾岸戦争の勃発である。

これら一連の動きを振り返ってみると、東欧革命からソ連の崩壊に至る社会主義諸国の変動と、イスラム・中東圏で起きた湾岸戦争との間には、両者を結びつける因果関係は存在していない。言い換えると、東欧諸国の市民が自由を求めた革命運動と、他国を侵略しようとする一国家の権力者による領土拡張政策の間には、なんら共通する要素は存在していないということである。

しかしアフガンの権力者の立場から眺める二つの大事件には共通するものがあった。東欧革命は、ナジブッラー政権と同じ社会主義政権の未来を暗示していた。また湾岸戦争は米国を中心とする西側諸国、つまりゲリラ組織の支援国が圧倒的な軍事力を見せつけたのである。ナジブッラー政権にとっては、二つの事件とも自らの将来を予告する不安な材料であった。

そこでナジブッラーは、湾岸危機のさなかに伝統的な政治システムのロヤ・ジルガ(国民大会議)を招集し、憲法の改正と議会における複数政党制への路線変更を提案する。あまりに拙速すぎる方針転換は、政権内部に内紛を誘発し、クーデター未遂事件が起きるなど、政権の基盤は極めて不安定になっていた。そしてソ連のクーデター事件からほどない一九九一年九月、米ソ両国はアフガンへの武器支援を全面的に打ち切る合意に達し、翌年一月一日から援助の停止が実施された。結果的にこれがナジブッラーの生命線を断つことになった。ゲリラ側は、アメリカからの援助が停止してもサウジアラビアなどからの支援を受けることができたからである。

こうした中で、ジュネーブ和平協定と湾岸戦争での調停で成果を挙げた国連のデクエヤル事務総長が、アフガンの新たな政権作りについて提案を行った。またゲリラ組織も、ようやくムジャーヒディーンの代表を集めた合同会議を頻繁に開催するようになった。これらの動きに加えて、パキスタンやイラン、それにソ連から独立したばかりのタジキスタンの代表らがアフガンの新政権についての骨組みを協議し始めた。国連をはじめアフガン周辺の国際社会からの提案は、直接間接を問わずナジブッラー政権の退陣を求める流れを加速するものだった。

九二年四月一九日、ナジブッラーは国営カーブル・テレビを通じて辞任を表明し、再び国政には参加しないと述べた。これによって、アフガンに誕生した社会主義政権は一四年の歴史を閉じることになった。

アフガンの政権と東欧の諸政権の崩壊は、ともに二〇世紀の世界史の流れの中で、社会主義体制の下にある諸国家が変革した事象として認識することができる。しかし共通点と同時に大きな相違点があることも忘れてはならない。両者の相違とは、変革を求める集団の性格、目的、理念の違いである。つまり、ムジャーヒディーン・ゲリラ組織による武装闘争と、市民による民主化要求運動との違いである。この違いこそ、旧政権を打倒した後、両者がどのようにして新政権を構築していったか、政治プロセスでの決定的な違いを生み出してゆくことになった。

このような違いを生み出した要素として、アフガンにおけるイスラム教の伝統的な要素や市民社会の未成熟な側面、さらにはアフガンを一つの国家として認識するためのアイデンティティ、つまり「同一集団への帰属意識」の不足を指摘することができるであろう。これらは現在アフガンの人々に課された最大の命題であり、同時に将来のアフガンの姿を決定する重要なキー・ポイントでもある。

2　内戦とタリバーンの誕生

難航する新政権の樹立

ナジブッラー政権の退陣からタリバーンの出現までの二年余りの間、アフガン情勢はかつてない混迷を続けた。ゲリラ同士の戦闘は果てしない報復攻撃に発展し、内戦が繰り広げられた。この内戦によって市民三万人が巻き添えになり命を落とし、負傷者の数は一〇万人にものぼった。ロケット弾などの砲撃で首都の建物の多くが破壊され、歴史の街は廃墟と化したのである。

ナジブッラー政権が崩壊した当初は、ゲリラ組織による新政権の樹立が強く期待された。長い戦乱に終止符が打たれ、アフガンの人々にようやく平和が訪れるものと期待された。このためナジブッラー退陣から数日のうちに、ムジャーヒディーン・ゲリラ組織は一斉に首都カーブルに移動した。アフガンの北部地域でウズベク人の民兵組織を率いるアブドゥル・ラシッド・ドスタム将軍と、タジク人で「パンジシールの獅子」と呼ばれたアフマド・シャー・マスード司令官らは、武装兵士とともに北部から首都に南下してきた。これに対し、「イスラム協会」から分かれて「イスラム党」を組織したパシュトゥーン人のヘクマティアルは南部からカーブルに向かった。また東のパキスタンからは、ペシャワールに本拠地を置く各派の指導者が相次いでカーブルに入った。

実は各派の指導者は、すでにナジブッラー政権の崩壊直前にペシャワールに集まり、暫定政権作りについて一定の合意に達していた。この合意に基づき、アフガニスタン民族解放戦線の指導者セブガトゥッラー・ムジャディディが各派を代表して「アフガニスタン・イスラム共和国」の樹立を宣言した。またカーブル以外の地方の都市でもアフガン政府軍はムジャーヒディーン組織に主導権をスムーズに引き渡し、流血の事態は起きなかった。

ドスタム将軍(タス＝共同)

ゲリラ間の合意によると、①国政を担当する機関としてまず「イスラム聖戦評議会」が作られ、そのメンバーには主要なゲリラ組織であるスンニー派七組織とシーア派三組織から、合わせて五〇人の代表が送り込まれる。②この五〇人の内訳は、職業別に見るとゲリラ司令官三〇人、「ムッラー」と呼ばれる宗教指導者一〇人、知識人一〇人で構成される。③評議会は二か月間を経て暫定政権に移行するが、暫定政権はゲリラ各派の指導者が四か月ごとに交代する仕組みとされた。

こうした新政権への移行の中で、最初に異論を唱えたのがイスラム党のヘクマティアルであった。かつてラバニと師弟関係にあったヘクマティアルは、ラバニとその側近であるマスード司令官に対しては直接的な非難を避けていた。しかしカーブル市内の一部を確保したドスタム将軍に対しては、なぜかカーブルからの退去を強く求めた。その根拠は明らかにされていないが、パシュトゥーン人と非パシュトゥーン人との民族的な対立感情によるものとされた。

ヘクマティアルは自分の要求が認められないと知ると、カーブルの南方に駐留していた自軍の部隊に命じて、ドスタム将軍の支配地域に砲撃を加え始めた。この事態を打開するためマスード司令官はヘクマティアルと話し合い、ドスタム将軍のカーブルからの退去を決めた。これに対してドスタム将軍はヘクマティアルの主張には根拠がないと反論し、カーブルからの撤退要求をはねつけ、ドスタム将軍とヘクマティアルとの対立は決定的となった。不幸なことにゲリラ組織の中には、この対立を収拾できる人物と方策を見つけ出すことは、ほぼ不可能に近かった。ナジブッラー退陣からわずか三か月の時点でゲリラ間の亀裂は深まり、早くもアフガン情勢の雲行きを危ぶむ声が出始めたのだった。

首都の破壊

一方、聖戦評議会を取り仕切っていたムジャディディは、そのまま指導者の地位に留まる意欲を見せていたが、六月になるとゲリラ組織の議決機関を、予定どおり聖戦評議会から暫定政権に移行することになった。その代表にはイスラム協会のラバニ党首が選ばれた。

こうした新政権への流れに抵抗を見せていたヘクマティアルは、八月に入るとカーブル市街に向けてロケット砲を発射し、その一撃で市民ら一八〇〇人が死亡するという大惨事が起きた。一般市民への無差別攻撃はカーブル市民に強い衝撃を与え、人々は新たな内戦の始まりを予感するようになった。パキスタンの難民キャンプから戻った人々は、再び国外脱出の準備を始めたのである。

暫定政権のラバニはヘクマティアルに対する報復措置を迫られ、政治の舞台からのヘクマティアルの追放を決めた。また政情不安の沈静化を理由に、ラバニは四か月間の任期が過ぎる一〇月以降も引き続き政権運営に当たる意思を表明し、支持者を集めた会議で自らを大統領に選出した。この決定はヘクマティアルの反発をさらに強め、ヘクマティアルのゲリラ組織によるカーブルへの間断ない攻撃が始まった。この攻撃に対抗するため、ラバニ暫定政権で国防部門を担当していたマスード司令官がヘクマティアル側への反撃を開始し、首都は日ごとに戦場と化していった。

一九九二年の暮れから翌年の春にかけて、カーブルは厳しい冬を迎えることになった。ヘクマティアル派が暫定政権への報復行動として、パキスタンからアフガン南部を経由して陸路運び込まれる石油などの燃料や生活物資を完全に遮断し、物資が首都に入らなくなったからであった。カーブルから脱出したのは一般の市民だけではなかった。首都の治安の悪化によって、外交官など多数の外国人も一斉に国外への脱出を図った。

このアフガン情勢の深刻な事態に対し、パキスタン、サウジアラビア、イランなどが調停に乗り出し、九三年三月、八つのゲリラ組織がパキスタンの首都イスラマバードに集まって新たな協定に署名した。協定は、ラバニ大統領の任期を一年半に延期することを認めると同時に、ヘクマティアルを首相に指名し、新憲法を制定するための国会選挙を八か月以内に実施するという内容であった。しかし新たな協定もカーブルで続いている内戦状態を停止させることはできなかった。マスード司令官もドスタム将軍もこの会議に参加していなかった。また首相に指名されたヘクマティアルは、首都に入ることをマスード司令官らに阻まれていた。

首都の内戦状態に比べ、地方都市の状況は比較的安定していた。その理由はゲリラ組織ごとに地方を支配下に置き、対立の中の安定が保たれていたからである。激しい内戦状態が続く中で、九四年初頭にゲリラ各派を驚かせる事態が起きた。それまで対立していたヘクマティアルとドスタム将軍が同盟関係を結んだのである。アフガンにおける「春秋・戦国時代」の合従連《がっしょうれん》衡《こう》であった。

この年アフガンの戦局は、ラバニ政権を支えるマスード司令官とヘクマティアル－ドスタム連合軍との戦闘という構図を示していた。首都を防衛するマスードは巧みな戦術によって、徐々にヘクマティアルとドスタムの部隊を首都から駆逐していった。それでも内戦の行方は混沌とし、事態の先行きを予測することは不可能だった。九四年一〇月になると、しばらく沈黙を守ってきた国連が再び事態打開に乗り出してきた。チュニジアのメスティリ元外相を代表とする使節団がカーブルに入り、水面下で各派に対し戦闘停止と和平交渉への参加を呼びかけた。

しかし、和平を目指す国連の調停が進展し始めた矢先に、突如大きな壁が調停の行方をさえぎった。タリバーンが登場したのである。

タリバーンの出現

アフガンにおける過去のいかなる社会現象も必ず予兆というものがあった。しかしタリバーンが出現するさまは、さながら突発的な自然現象のように、なんらの兆候も事前に見られなかった。この点にこそタリバーンという特異な集団の本質が示されていると言えるだろう。その本質について語る前に、まずタリバーンの足跡を眺めてみる。

この組織の存在と活動が最初に外部の世界に知れ渡ったのは一九九四年七月のことである。イスラムの神学生を中心とするイスラム原理主義者が南部の古都カンダハールに忽然と現れ、地元の武装勢力を排除したというものだった。タリバーンのメンバーは、全員がパキスタンから国境を越えてやってきたパシュトゥーン人の若者たちで、年齢は一四、五歳以下であり、一四、五歳の少年も数多く含まれていた。彼らはいずれもパキスタンにあるアフガン難民キャンプで育ち、キャンプ周辺のモスク(寺院)に併設するイスラムの神学校「マドラサ」でイスラム原理主義を学んだとされた。神学校の学生はペルシャ語で「ターリブ」と呼ばれていたため、人々は彼らを複数形の「タリバーン」と呼んだのである。

タリバーンは、アフガンでの最初の活動拠点をカンダハールに構えた後も、続々と神学生をパキスタンからアフガンに呼び寄せた。というよりもパキスタン側にある何らかの組織が、若者をアフガンに送り込んだと述べた方が事実に近いだろう。

このようなイスラム神学校生を中心とする若者らの「アフガンへの大量輸送」には、いったいどのような最終目的があったのだろうか。当初はその目的や動機は不明であり、タリバーン自身もこれを明らかにしなかった。この組織の本質である神秘性を見事に象徴する側面である。

しかし翌九五年、タリバーンの活動人員が二万人にまで増え、活動範囲を本拠地カンダハールからイランに近い都市ヘラートにまで拡大しようとする意図が見えた時、彼らの本当の狙いが何か、その本質が徐々に明らかになってきた。

それはタリバーンの若者らが唱えていた「イスラム原理主義の復活」を求める宗教活動がすべてでもなければ、道路の清掃などといったボランティア活動でもなかった。その目的は、第一段階として、無政府状態同然のアフガンの地方諸州に新たな政治勢力を打ち立て、新秩序を構築することであり、第二段階として、その延長線上にタリバーン新政権を樹立し、アフガン全土を支配下に置くことであった。

タリバーンは、まずヘラートを中心としたアフガン西部三州を支配しているイスマイル・カーンを追い出して、九五年にヘラートを押さえた。翌九六年には首都カーブルへの進撃を果たし、九八、九九の両年にはトルクメニスタン国境にまで勢力範囲を拡大した。タリバーンの支配地域は、二〇〇〇年の段階で国土の九割に及び、東北部を中心とした残り一割の領土は、マスード司令官らを中心に作られた反タリバーン連合の「北部同盟」が掌握していた。ソ連軍を追い返した歴戦の勇士を多数かかえるゲリラ組織にさえも実現が不可能だった政権樹立を、この若者らの集団はいとも簡単に成し遂げてしまったのである。

しかしタリバーン政権の樹立といっても、国家元首や大統領といった政府組織や行政機関が明確に存在したわけではなかった。カンダハールにいる宗教指導者のムッラー・ムハンマド・ウマルが最高権力者の地位に就き、パシュトゥーン人社会の伝統である「シューラ」と呼ばれる評議会を開催しては重要な事項を決定していた。宗教と政治の合体あるいは混在であった。

タリバーンの思想

タリバーンの若者たちが心酔した宗教思想とは何であったか。二〇〇二年八月、久しぶりにカーブルを訪れた私は市民に聞いてみた。多くの人たちは「かつて見たことも聞いたこともないイスラム教」、「自分たちが教えられたイスラム教とは違う過激な宗教」だったと述べている。タリバーンの若者が巣立った神学校は、スンニー派内の一分派であるハナフィー派に属していた。そのハナフィー派も、さらにいくつかの派に分かれていたが、タリバーンはその中の主要な勢力の「デーオバンド学派」というセクト(宗派)と称していた。デーオバンド(デオーバンド)とは、インド中北部のウッタル・プラデーシュ州にある人口三万ほどの町の名前である。イギリスがインドの直接統治に乗り出してから九年ほど経った一八六七年、この町に「ダール・アルウルーム学院」と呼ばれる神学校が作られた。神学校を設立したのは、イギリスの植民地支配に反発するイスラムの宗教指導者たちであった。そして彼らが提唱したイスラム理論が、やがてデーオバンド学派と呼ばれるようになったのである。

彼らの主張は、シーア派イスラム教徒との妥協を一切認めないこと、聖者への崇拝を禁止すること、歌や踊りなど娯楽的な要素を全面的に否定することなどが特徴で、寛容なスンニー派に属しながらシーア派のような厳格な側面を持っていた。外部から見ると、そうした禁欲主義的な部分が際立ったため、イスラム原理主義と見なされたのである。この学派はイギリスの植民地支配に抵抗する民族主義的なイスラム思想であったことから、インド、パキスタン、中央アジアに広がっていった。

しかしタリバーンは自らをデーオバンド学派と呼びながら、実際にはデーオバンド学派の精神に反する異端的な側面をいくつも持っていた。まずタリバーンを育てた難民キャンプ周辺の神学校の教育内容が、正統なイスラム神学とは相容れないものであった。アフガンから溢れ出た難民を収容するためにキャンプが増え、これに伴ってスンニー派のモスクと、それに付属する神学校が国境沿いに三〇〇以上も建設された。この建設にはサウジアラビア政府の援助資金が当てられた。神学校の急増は教師の不足をもたらし、宗教指導者として十分な経験を積んだことのないイスラム教徒が、にわかに宗教指導者になって授業を担当した。その結果、マドラサで育った若者の多くは、コーランを生み出したイスラム文化やアラビアの歴史、科学など、さまざまな学術についてもまったくの無知であった。イスラム教にはいくつもの宗派があり、古くはキリスト教との共存と抗争があった歴史も教えられなかった。単にコーランを読み上げるだけの生活の中で、狭隘な宗教思想を吹き込まれて若者たちは育っていったのである。

このような若者たちがタリバーンとして熱狂的、組織的に行動する光景は、仏教的要素を意図的に歪曲したオウム真理教と共通する部分がある。またタリバーンの集団としての行動力や運動の展開力は、中国での文化大革命の際の紅衛兵にも類似しているところがある。オウム真理教も紅衛兵の場合も、宗教的熱気によって若者を操作する組織と主要人物がそれぞれの背後に存在していた。ではタリバーンの場合は、いったい誰がこの役割を担っていたのだろうか。

ソ連軍がアフガンを占領していた一九八〇年代に、難民キャンプ周辺とアフガン国境地帯で神学校を開き、孤児らを集めてデーオバンド学派のイスラム思想を教えていた人物がいた。マウラーナ・ファズール・ラーマンという宗教指導者で、「イスラム神学者協会」(ジャマアティ・ウレマ・イスラム、略称JUI)という教団を率いていた。アフガンの宗教指導者は、自分の名前の頭に職業を示す称号をつけることがあるが、「マウラーナ」という呼称は、神学校などで「教師」「先生」といった意味がある。アラビア語の「ムッラー」という発音が転訛したものだ。デーオバンド派のこの組織は、ソ連軍がアフガンを支配していた頃は、有力なムジャーヒディーンの七組織と異なる対応を見せていた。主要な武装ゲリラが華々しい軍事闘争を展開したのに対し、彼らは武力闘争には走らず、マドラサに集めた難民の孤児らにひたすらコーランを読ませるなど地味な活動に終始していた。

実はこれにはわけがあった。主要なゲリラ組織には豊富な援助資金が流れ込んだが、彼らの組織には世界からの活動資金がほとんど届かなかったからである。では、なぜそのような状況が起きたのであろうか。

援助資金の流れ

ソ連軍の侵攻後、ゲリラを支援するための巨額の援助資金は、直接ゲリラ組織には送られず、パキスタン政府に宛てて送られた。というのは援助物資と違って、外貨のドルで送られてくる資金を、パキスタン通貨ルピーか、アフガンの通貨アフガニーのいずれかで受け取るしか方法がなかったからである。そして難民キャンプ周辺に暮らすゲリラ組織は、ペシャワールにあるパキスタンの銀行かパキスタン政府の出先機関から活動資金を受け取る方法しかなかった。こうした外国為替上の技術的な問題に加えて、パキスタン政府は海外からの資金援助をすべてパキスタン側が一括して管理することを援助国に強く要請した。その狙いは、ゲリラへの配分を通じて、パキスタンがゲリラ各派を自在にコントロールしようとしたからである。

当時パキスタン軍事政権の頂点に君臨していたのはジアウル・ハク大統領であった。大統領は資金の配分先の決定に強力な権限を発揮しただけでなく、その資金を使って自身の政権基盤の強化を図ろうとしたのである。彼が描いたアフガンの将来構想は、まず共産政権を倒しイスラム政権を樹立したあと、アフガン北部に隣接する中央アジアにも親イスラム政権を拡大することであった。そこで中央アジアへの影響力を発揮できる人物として、パシュトゥーン人よりもタジク人出身のラバニが最適な人物であると考え、ラバニが率いる「イスラム協会」を強く支援したのである。ラバニはアフガンの共産政権が崩壊したあと、暫定政権の大統領になったことはすでに述べた。

軍情報部の台頭

ところで海外からの援助資金を実際に管理していたのは、パキスタン軍に所属する情報機関「ISI」(統合情報部)であった。この情報機関はソ連軍の侵攻以後、ハク大統領のアンテナになるため急速に組織を拡大していった。海外からの援助資金をふんだんに使い、パキスタンの軍部をはじめ議会、経済界、宗教界、マスコミなど、さまざまな分野に秘密の情報網を張り巡らせた。しかもアフガン・ゲリラの各組織に活動資金を配分する作業を通じて、ゲリラの動きを監視し、その情報をアメリカのCIAにも報告していた。CIAは、アフガンに駐留するソ連軍の動向を把握するために、パキスタンの情報機関を利用しており、そのために秘密工作の技術や電話・無線などの盗聴技術、さらにはマスコミの世論操作などについてもパキスタン側を指導した。

ISIは、軍の情報機関とはいえ、あくまでも国家組織の一つであった。しかし組織が肥大化して大きな権力を持つようになると、権力を志向して暴走するのは歴史にはよくある話である。ケネディ大統領の暗殺に、米国の情報機関が関与していたのではないかという疑惑が今日も消えないのと同じように、飛行機墜落によって独裁者のハク大統領が死亡した事故についても、この情報機関の関与が強く疑われている。その理由は、アフガンの将来を担う政権構想について、この情報機関とハク大統領との間に微妙な食い違いが生じたからである。ハク大統領がラバニを支援したのとは異なり、情報機関はパシュトゥーン人のヘクマティアルが率いる「イスラム党」を積極的に支援した。その理由は、情報機関やパキスタン軍の幹部に多数のパシュトゥーン人出身者がいたからである。彼らはアフガンにパシュトゥーン人による政権の樹立を望み、その有力な候補者として密かにヘクマティアルを支援してきたのだった。ヘクマティアルは、かつてラバニと同じ組織にいたが、一九七四年イスラム協会から離脱し、イスラム党を組織した経緯がある。

ハク大統領が亡くなったあとも、情報機関の方針にはほとんど変化がなかった。八八年からパキスタン政権の座に就いた初の女性首相ブナジール・ブットと、ブット後の九〇年から政権を担当することになったナワズ・シャリフ首相の二人の指導者は、いずれもアフガン政策で肥大化した軍部とその情報機関に手出しができなかった。しかし九三年一〇月、ブットが再び政権に返り咲くと、パキスタン政府のアフガン政策に変化が生じた。その頃、パキスタン、アフガン両地域と中央アジアの情勢に関わる新しい事態が生じていた。

3　タリバーンとパキスタン

ブット政権の関与

九〇年に退陣に追い込まれた経験を持つブット首相は、その退陣が軍情報部による悪意に満ちたブット批判と政界への裏工作によってもたらされた事実を知っていた。しかし当時は、軍情報部の謀略を防ぐ有効な手段がなかった。そこでブットは再び政権の座に就くと、まず情報部の肥大化した権力を抑えることに着手した。その方策として取った措置が、国内の治安と秩序を維持する内相に退役将軍ナスルッラー・バーバルを起用することだった。バーバルは、ブット首相の父アリー・ブットが政権を担当していた一九七〇年代に、アフガンとの国境地域を統括する軍司令官であった。ブット首相は、軍部に睨みをきかせることができる元将軍バーバルの影響力を借りて、軍情報部の予算と人員を削減し、各界に張り巡らされた情報網の解体を進めようとしたのである。同時にアフガン問題でも、情報部が長年支援してきたヘクマティアル派との関係を絶ち切る一方、デーオバンド学派の「イスラム神学者協会」を率いるファズール・ラーマンとの関係を強化する方針を決めた。ラーマンは、かねてからパキスタン政界への進出を狙っていた。ラーマンはまたイスラム神学者協会を、ゲリラ組織としてではなく、政治組織として位置づけ、連立政権であるブット体制に参画する意思を表明していた。そして第二次ブット政権の誕生によって、連立与党に加わり、外交常任委員長という要職に就くことになった。こうしてタリバーン誕生の伏線が敷かれたのである。

この動きはタリバーンの生成過程における極めて重要な出来事である。つまりパキスタンのブット政権が、タリバーンを輩出する宗教・政治組織を積極的に支援したという事実である。しかし、この両者の関係を指摘するだけでは、タリバーン誕生の要因をすべて説明したことにはならない。次に、なぜブット首相がイスラム神学者協会に接近する必要が生じたか、その理由を検証しなければならない。

ブナジール・ブット　パキスタン首相(ANSA・サン＝共同)

中央アジアの石油・天然ガス資源

一九九一年のソ連邦の崩壊前後から、カスピ海周辺の石油資源がにわかに世界の石油資本の注目を集めるようになった。アメリカの調査機関が推定した石油埋蔵量は、この地域全体で一〇〇〇億バレルという途方もない数字であった。石油資源はカスピ海の西側に位置するアゼルバイジャンだけでなく、湖の東側にある内陸国のカザフスタン、ウズベキスタン、トルクメニスタン三国についても豊富な埋蔵量が予測された。このうちアフガンの隣接国の一つ、トルクメニスタンは、その後の調査で石油よりも天然ガスが多量に眠っていることが分かり、その量は推計で一二兆立方メートルにものぼった。世界第四位の埋蔵量である。これらの国々はソ連時代の社会主義経済が残したさまざまな負の遺産に苦しんでいたが、石油と天然ガスという資源開発によって、湾岸諸国のように豊かな富がころがりこんでくるという可能性が現実味を帯びることになった。

問題は、海のない三国がどのようなルートで石油と天然ガスを国外に運び出すかであった。そこでパイプラインの建設が最大の焦点になった。ヨーロッパへの油送ラインは、米国の石油資本の要望もあってロシアの領土を通るルートが敬遠され、トルコを経由する案などが検討された。

二つのパイプライン構想

そうした中でアフガン、イランの両国と国境を接するトルクメニスタンが、突如としてイランを経由してペルシャ湾の入口にあるバンダル・アッバース港までパイプラインを敷く計画を発表した。同国はソ連から分離独立して以来、「永世中立国」を宣言し、独自の外交路線を標榜してきた。サパルムラト・ニヤゾフ大統領は、首都アシガバードからイランに通じる鉄道の建設についても、イランと合意に達していた。

トルクメニスタンがイスラム原理主義のイランとの接近を図るというニュースは、パキスタンのブット政権にとって大きな衝撃だった。パキスタンは、トルクメニスタンの石油、天然ガスをアフガン経由のパイプラインでパキスタンに運び、カラチ港からアジア、太平洋諸国に送り出す構想をすでに持っていたからである。もし、イラン経由のパイプラインが敷かれることになると、パキスタンの国家財政に入るはずの巨額の利益がイラン側に渡ることになる。石油の富を巡って、パキスタンとイランの激しい戦いが水面下で始まったのである。

アフガン経由でパキスタンにパイプラインを通す計画は、トルクメニスタンでの石油採掘権を持っていたアルゼンチンの石油会社ブリダスが、九四年にブット政権に構想を提出した案件であった。そのルートは、アフガンのヘラート、カンダハールなどを経てパキスタンのクエッタに至り、カラチ港に抜ける、中央アジアとパキスタンを結ぶ歴史街道に沿ったルートである。

一方、アメリカの石油会社ユノカルも、九五年に同じような計画をブット首相に持ちかけた。どちらの計画に乗るにしても、パキスタンはこのパイプライン事業によって、計り知れない利益を得ることは間違いなかった。ブット政権としては、ジアウル・ハク大統領が考えたイスラム国家構想とは異なり、石油パイプライン建設という大規模事業にパキスタン国家の夢を託そうとしていたのである。

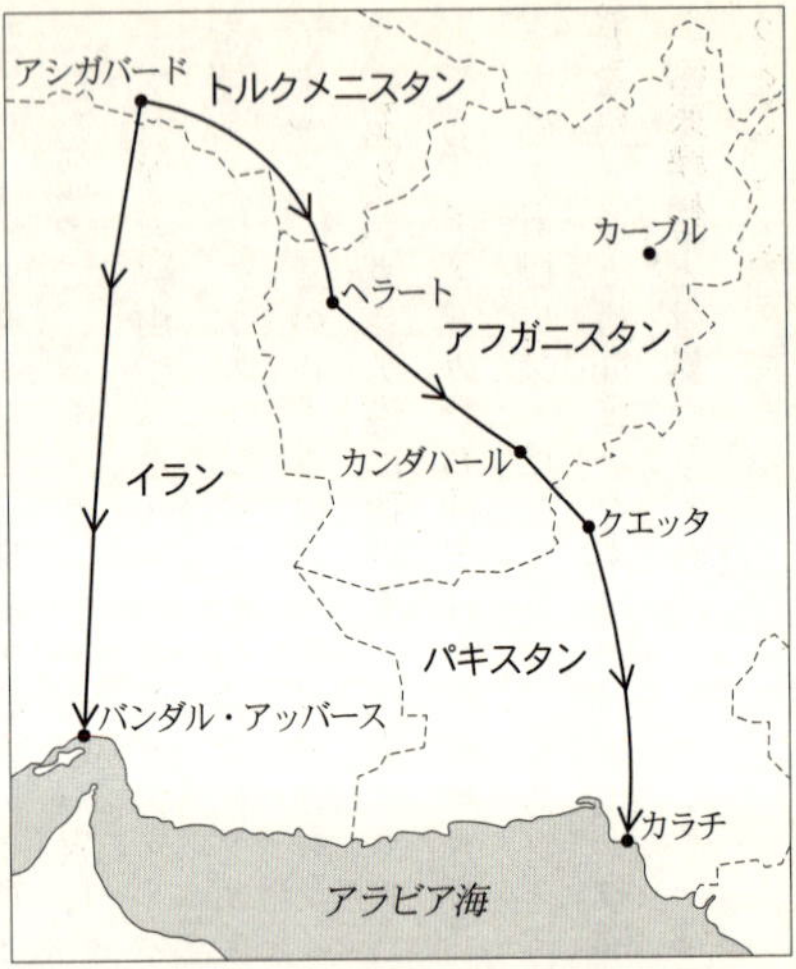

二つのパイプライン構想

しかしこの国家事業の実現には、いくつかの障害があった。建設ルートを事実上支配しているアフガンの軍閥や地方勢力がパイプラインの建設工事を妨害する恐れが十分考えられた。アルゼンチンやアメリカの石油会社は、このルート周辺の治安に重大な問題があれば建設を断念することを示唆していた。従ってブット政権の最大の課題は、軍閥、盗賊、地方勢力が入り乱れて跋《ばっ》扈《こ》するアフガン南西部の治安を、いかにして速やかに回復するか、その一点に絞られることになった。この地域の政治、経済、社会の秩序を迅速に回復するには、どうしても軍事作戦を展開しなければならなかった。しかしパキスタン軍が直接アフガンに出兵するとなると、ソ連軍のアフガン侵攻と何ら変わらない。湾岸戦争を招いたイラク軍のクウェート侵攻と同じように、侵略行為として国際社会から非難されるのは明白だった。

ブット首相の懐刀となったバーバル内相とイスラム神学者協会の指導者ラーマンが思いつい

た妙案は、イスラム神学校生を装ったパキスタン軍の派遣であった。アフガンに向かうタリバーンの若者たちは、その大半がアフガン難民キャンプ出身の孤児たちである。このため、祖国の秩序を回復するという大義に疑問をさしはさむ者はいない、とバーバル内相らは読んだのである。内相の計画によると、タリバーンの派遣は祖国への帰還、復帰であり、あくまで「神学生の自発的なイスラム運動」である、と公式に位置づけられた。しかしこれは、裏に隠されたパキスタン政府の狙いを偽装するための口実であった。背後では、タリバーンを装ったパキスタン軍が密かにアフガンに潜り込み、軍閥らの掃討作戦を展開する計画が当初から練られていたのである。

タリバーンの若者らは、こうしたパキスタン政府の秘密工作については知る由もなかった。彼らは、所属する「マドラサ」の宗教指導者の勧めに従い、祖国アフガンの無秩序と不正の横行をなくすためにイスラム活動に従事している、との純粋な信念に燃えていた。

武装集団の出現

タリバーンがパイプラインの通過地域に進出するのを見計らって、ブット首相とバーバル内相が動き出した。九四年一〇月、ブット首相は、建設ルートを支配している地方勢力の代表、ドスタムとイスマイル・カーンの二人をトルクメニスタンに招いて会談を行い、パキスタン政府への協力を働きかけた。ドスタムはソ連軍の侵攻時にはアフガン政府軍の将軍であったが、その後、反政府の立場をとり、北部地方でウズベク人の武装勢力を率いていた。またカーンは、ヘラートを中心とするアフガン西部の三州を支配し、イスラム教シーア派が多数を占めるイランのイスラム原理主義政府と緊密な関係を保っていた。しかしブット首相の説得工作は、結局失敗に終わる。地方を支配する二人の実力者にとっては、自己の支配地域の維持こそ最優先の課題であり、トルクメニスタンやパキスタンを巡る石油戦略といった世界の経済情勢には、まったく関心を示さなかった。

一方、内相のバーバルは、建設ルート周辺の治安状態が良好であることを内外に宣伝するため、パキスタンに駐在する西側の大使らを集めて建設ルートの視察団を編成し、自らカンダハールとヘラートに出向いて、世界にアフガン南西部が安全であることを示そうと試みた。しかしルート周辺の治安状況は九四年末の段階でも混乱が続いていた。残された道は、武力による建設ルート周辺の治安回復しかなく、タリバーンに偽装したパキスタン軍がいよいよ登場する状況になった。

当初、タリバーンの若者たちの中にはリーダーも兵士も存在しなかった。ところが九四年一二月を境に、いつの間にか戦車、航空機、ヘリコプター、機関砲などが配備され、無線通信機など近代戦に必要な装備品がタリバーンの手に届いていた。清貧を宗教原理としていたタリバーンには、自力で兵器を購入する資金もノウハウも無いはずであったから、アフガンの人々が驚いたのも当然だった。

だが、これは宗教集団が武装したのではなく、宗教集団の中に、武装集団が新たに加わったに過ぎなかった。武装集団の構成員は、身分を隠したパキスタン軍兵士と軍情報部員を中核として、元アフガン共産軍兵士やゲリラ組織を抜け出たムジャーヒディーン、さらにかつてソ連軍と戦うためにサウジアラビアや湾岸のイスラム諸国からやってきた義勇兵も混じっていた。この中にウサマ・ビンラーディンがやがて紛れ込むことになる。

こうした武装集団に参加した兵士の数は、九五年一月の段階で約一万五〇〇〇ないし二万人にものぼった。これに比べて、神学校出身の純粋なタリバーンは五〇〇〇人前後しかおらず、タリバーンの実態がいかにパキスタン軍情報部によってカムフラージュされていたかが分かる。

謀略と世論操作

タリバーンのアフガン進出はすべてが順調だったわけではなかった。カーブルやヘラートの攻略に際しては、地方勢力やラバニ政権の司令官マスードの反撃にあい、退却を余儀なくされたこともあった。

しかし、マスード司令官の部隊との間に繰り返されたたび重なる攻防を除くと、アフガン各地への進出とタリバーンの支配権の確立には多くの時間を要しなかった。その結果、進出が始まった九四年から九七年までのわずか三年の間に、国土の七割を統治するに至った。このような速やかな勢力拡大は、どんな要因によってもたらされたのだろうか。

第一に、パキスタン軍による支援行動とともに、現金、食料品、燃料などによる「買収」が挙げられる。買収工作の相手は、軍閥や盗賊まがいの地方集団のリーダーたちであった。彼らは内戦の長期化で食料や燃料不足に見舞われていたのである。彼らは、自分の地域の主導権を認められた上に金銭や物資を与えられることになり、それだけで満足であった。これらの勢力を仮に武力によって屈服させようとしたならば、パキスタン軍は相当の時間と兵力を投下しなければならず、タリバーンの進出は数年先になっていたであろう。

第二に、パキスタン軍情報部が行った謀略的な工作がある。内外の世論を欺いたり、誘導したりする情報操作の活動であった。その典型はタリバーンの指導者ムハンマド・ウマルが出現した時の「奇跡めいた物語」や、旧アフガン共産政権のナジブッラー元大統領を見せしめに処刑した残虐な行為に端的に現れている。

かつてソ連軍と戦ったムジャーヒディーンであったウマルは、戦闘で片目を失った勇士であった。しかしイスラムの宗教者として修行や学問を積んだ経歴は皆無であり、公衆の面前でイスラムの教えを説教する素養も経験もなかった。そのウマルをアフガン市民の前に出すわけにはいかなかった。そこで情報部は、実態を巧妙に隠すために、「ウマルは人前に出たがらない」とか「写真を嫌っている」などといった風評を意識的に流した。結局ウマルは、タリバーンが崩壊する二〇〇一年秋まで、ついに一度もメディアの前に姿を現さなかった。そしてあたかも宗教者としての崇高さと神秘性を備えているかのような人物像が作り上げられた。

このような実態が露呈しないよう、パキスタン人の軍事顧問が、影武者のように絶えずウマルにつきそい、助言を与えていた。ソ連軍侵攻の時代に、アフガン政府の各所に顧問団と称するソ連人がつきそい、政府の活動をコントロールしたときと同じ図式である。タリバーン政府は、最高指導者ウマルが「シューラ」と呼ばれる評議会を開催し、国家運営の舵取りを行った、とされている。だが彼自身は実際には何もしなかったし、高度な政治判断を示すことはできなかった。

こうしたウマルを利用したのは、パキスタン政府だけではなかった。国際テロ組織のウサマ・ビンラーディンは、宗教者としても政治家としても能力に欠けるウマルの実態を十分承知し、むしろその弱点を巧妙に利用していたと見るのが正しいであろう。ビンラーディンは、誰も近づけないウマルの防護壁の中に紛れ込めば、アメリカ情報機関からの追及を逃れることができると考えたわけである。

ウマルが真の宗教者であったならば、二〇〇一年秋に始まった米英軍によるタリバーン攻撃に対し、逮捕を怖れる必要はなかった。殉教者として堂々と自ら姿を現し、世界の人々に、イスラム原理主義の精神を披露してもよかったはずである。しかし彼は崇高な精神も、アフガン復興への高邁《こうまい》なビジョンも持ち合わせてはいない、ムスリムを装った粗野な一人のムジャーヒディーン戦士に過ぎなかった。それゆえ米英軍が作戦を開始する前に、タリバーンの拠点カンダハール周辺から早々と姿を消してしまった。

恐怖政治の始まり

タリバーンが首都カーブルを攻略した九六年九月末、一部のタリバーン兵士たちが真っ先に国連機関の建物に向かった。国連の敷地内に保護されていたアフガン最後の共産政府の指導者ナジブッラー元大統領とその弟を処刑するためだった。処刑に先立ってイスラムの教義に基づいた裁判は行われず、無抵抗の元大統領に暴行と拷問を加え、銃殺してしまった。処刑後、二人の死体は見せしめとして道路に吊るされ、公衆の目にさらされた。これはイスラムの戒律には定められていない行為であり、リンチそのものであった。これを目撃した多くのカーブル市民は、直感的にタリバーンの「原理主義」に対し拒否反応を示し、警戒心を抱いた。

これこそ軍情報部の狙いであった。恐怖心を醸成させることによって、支配する側の優位性を確立する独裁政治の古典的な手法であり、そこでは政府と市民との間の信頼関係はまったく必要とされなかった。タリバーンは、多くの市民を招集して、カーブルのサッカー・スタジアムで犯罪人の公開処刑を行った。カーブルにはもともとタジク人やウズベク人の出身者が多い。従って彼らがパシュトゥーン人中心のタリバーン政権に協力する土壌は限られていた。公開処刑の狙いは、イスラム原理主義の実践ではなく、真の目的は「恐怖政治」を見せつけることによって、カーブル市民の不満や批判を封じることであった。

確かにタリバーンの登場により、それまで毎晩のように鳴り響いていた銃声や砲声が止んだ。首都は静かにはなったが、それは市民に平和が訪れたことを意味していない。恐怖による締めつけ以外の何物でもなかった。

タリバーン支配下の市民生活

タリバーンは、ラバニ政権を首都からアフガン北部に追い出して国家権力を握ると、まず初めに、官公庁からパシュトゥーン人以外の公務員をすべて追放する政策を実行した。この結果、行政機関の業務はみるみる停滞していった。行政機関の空洞化は、もともと内戦が始まった九二年頃から見られてはいたが、タリバーンが国家権力を握ると、行政機構は事実上機能しなくなり、麻痺状態に陥った。官庁で働いていたタジク人やウズベク人などを公職の場から排除し、その空席にパキスタンの神学校でコーランの読経しか学ばなかった若者らが就任した。難民キャンプで育った彼らには、事務処理能力や専門分野の知識がまったく欠落していた。郵便、通信、交通、電気など、サービス・公共部門をはじめ、すべての分野で極端な人材の不足が生じ、業務遂行は不可能になった。タリバーン政権は決して崇高な宗教国家を目指しているのではなく、単にパシュトゥーン人以外の民族を容認しない「排他的な政権」であることが人々に知れわたるところとなった。

タリバーンは公開処刑のほかにも、イスラムの教義に合致しているとは思えない命令を次々と出していった。戦争で夫を亡くした女性の労働を禁止したため、母子家庭の生計は最悪の状態になった。教育面でも女子の高校・大学などへの通学を禁止し、顔を覆うブルカ(ヴェール)の着用を強制するなど、さまざまな分野で女性蔑視の風潮が出現した。また、ブズカシと呼ばれる騎馬競技、駱駝や鶏の戦いなど、市民の伝統娯楽も禁止され、禁欲的な規則が相次いで導入されていった。テレビとラジオの放送は中止され、ビデオ・テープやカセットに収録されていた娯楽映画や音楽の鑑賞も禁じられた。男はひげを伸ばすことを強要された。子どもの凧揚げや、サッカーの試合も禁止された。国立博物館や美術館が所蔵していた美術品の破壊も行われた。タリバーンの支配地域では、銃を持った若者や少年らからなる宗教警察が巡回し、市民への監視が行われた。

一方、厳しい統制と監視によって、町に溢れていた闇屋がいなくなり、その限りにおいて食料、雑貨など一部の商品が値下がりした。しかしこれはアフガン経済の回復を意味してはいなかった。総体として、農業、商業を問わず、生産、流通、運輸など、基幹となる経済活動はさらに停滞に向かった。官庁の幹部には、もはや経済政策の専門家はいなくなり、国家の経済政策らしきものは姿を消してしまった。また九八年頃から始まった旱魃《かんばつ》によって深刻な食料不足が生じていた。

こうした人権抑圧政策と禁欲主義を露骨なまでに前面に出した国家権力の登場に対し、パシュトゥーン人以外の人々が、表面的に服従を余儀なくされたのは当然だった。しかし同時に反発のエネルギーを心と体の中に密かに蓄え始めたのも確かだった。娯楽の禁止命令に抗して、多くの市民がテレビやビデオ・デッキなどを処分せずに家の中に隠し持った。やがて二〇〇一年秋にタリバーン政権が崩壊すると、市民はたちどころにテレビやラジオを取り出して使い始め、アフガンの町や村には、たちまち歌や踊りが復活したのである。こうした変貌ぶりを見ると、人々はタリバーン政権がいずれは消え去るだろうと見抜いていたかのようだ。厳しい歴史から体得した人々の感覚であろうか。

4 タリバーンと国際テロ組織

米国とタリバーン

一九九七年に、順調に見えたタリバーンのアフガン進出と支配の拡大に歯止めをかける事態が起きた。それまでタリバーンを支持してきた米国が一八〇度政策を転換し、タリバーンを非難し始めたからである。

そもそも米国のアフガンに対する政策の流れを眺めると、ソ連軍が撤退したあとの一九九〇年から二〇〇〇年までの一〇年間、まったく一貫性に欠けていたと言える。その要因の一つとして、米政権が共和党のブッシュ政権から民主党のクリントン政権に交代したことが挙げられる。同時に、より大きな要因として、湾岸戦争をはじめとする中東情勢の激変と、民主化後のロシア・旧東欧情勢の不安定化などのために、米国政府、特に国務省と国防総省の関心がアフガンよりも他の地域に集中した点を指摘することができる。アフガンへの関心が相対的に低下したのは、米国だけでなく、欧州諸国と国連も同様であった。タリバーンの登場はそうした米欧諸国や国連の関心が薄れた隙間を縫う形で実現したとも言える。

ブッシュ政権の末期に当たる九二年一月、米国はロシアとともにアフガン各派への援助を停止し、アフガン問題から手を引く形になった。九三年一月に誕生したクリントン政権も当初はアフガンへの関心を示さなかった。しかしタリバーンが着実に勢力を拡大した九五年頃、中央アジアで石油開発ブームが起き、米国企業によるアフガン経由のパイプライン構想が浮上すると、米国は石油戦略の観点からタリバーンを支持する政策を取り始めた。そうした対応の背景には、パキスタン政府から米政府への強い働きかけがあったのは明白である。当時アフガンよりもイランのイスラム原理主義政権の行方に関心があった米国は、タリバーンがイランのイスラム教シーア派とは対立する組織であるとの素朴な認識を持っていた。そして「敵の敵は味方である」との発想から、タリバーンはやがて「西欧諸国に親しい政権」に成長するであろうと期待していた。

一方、イラン側は、タリバーンがイラン国境に迫る勢いを見せた九六年頃から、脅威を感じ始めていた。イラン政府は、タリバーンの背後にパキスタン軍情報部が存在している事実を把握し、さらにその背後には米ＣＩＡの意図があると、過敏な反応を見せていた。イスラム原理主義を唱えるイランはテロ国家である、との認識に立っていた米国はイランを危険視してきたが、イラン側もまたタリバーンの主張こそ、より過激で危険であると見なしていた。タリバーン勢力が国境を越えてイラン国内に浸透する怖れもあるとして、勢力拡大に神経を尖らせていたのである。この対策から、イランはやがてアフガン国内の反タリバーン勢力、つまりマスード司令官らが率いる北部同盟などに武器の援助を開始したほどであった。

そうした状況の中で、パキスタン軍情報部から米ＣＩＡにもたらされた情報は、タリバーンがアフガン南西部を確実に支配し、米国ユノカル社のパイプライン建設は十分可能であるとの楽観的な観測ばかりであった。パイプラインの建設を推進するパキスタンは、タリバーンの生みの親であったから、このようなタリバーンに肩入れした情報だけが米国にもたらされたのは何ら不自然ではなかった。九六年前半まで、米政府のタリバーンに対する見解は主にパキスタン側の情報に依拠しており、タリバーンの思想と行動に内包された危険性を予見する作業をあえて怠っていたとも言える。

ところが、パキスタンの描くパイプライン建設のシナリオが現実味を帯びてきた頃、つまり九六年の後半から、タリバーンに対する米政権の見方に徐々に変化が生じてきた。タリバーンを非難する動きが米国内で広がり始めたのである。非難の声を上げたのは、女性の地位向上を目指す人権団体や環境保護グループなどであった。彼らは、タリバーンがアフガン女性にブルカを強要し、女性の労働を禁止していることを問題にする一方、そうしたタリバーンを石油資本ユノカル社が支援していると批判した。

このような批判が出始めた頃、クリントン大統領はちょうど二期目の選挙戦を迎えており、女性の市民団体の支持をもとに、再び大統領に選ばれた。彼は選挙戦で公約した女性の地位向上を示すため、米国の政治史上初めて国務長官に女性を登用した。九七年一月、国務長官に就任したマドレーン・オルブライトは、さっそくタリバーンの女性差別と非人権的な政策を取り上げた。オルブライト国務長官の発言は米国のタリバーン政策転換の始まりであった。

こうした非難に対して、タリバーン側とパキスタン政府も黙っていたわけではなかった。タリバーンの代表団がワシントンとアルゼンチンのブリダス社を訪ね、ロビー活動を開始した。

サウジアラビアの支援の背景

タリバーンがアフガンに登場してから二年が経過した九六年五月、タリバーンを国家として承認する動きがあった。パキスタンのブット政権がまず承認し、サウジアラビアとアラブ首長国連邦がこれに続いた。その後、パキスタンは米国に対し、タリバーンを承認するよう働きかけたが、米国は女性団体のタリバーン批判の活動もあって承認には慎重だった。結局タリバーンを承認した国はパキスタンを含めた三か国しかなかった。

タリバーンの生みの親であるパキスタンが、タリバーンを国家として承認したのは当然であったが、サウジアラビアとアラブ首長国連邦がタリバーンを承認したのはなぜだろうか。そこにはパキスタンとは異なる理由があった。二つの国は、タリバーンに対する宗教上の共感よりも、政治的、軍事的な役割を期待していた。サウジアラビアはスンニー系の中でも保守的なワッハーブ派に属したが、イランはシーア派であった。聖地メッカを有し、イスラムの本家を自任するサウジアラビアは、宗教面だけでなく軍事、政治の面でも、イランの原理主義勢力の影響力拡大を非常に恐れていた。イランのイスラム原理主義がサウジアラビアに浸透し、これがイランに起きた革命のような事態を引き起こすことになれば、サウジアラビアの王制が崩壊することは必至であった。これを防止するためには、イランのイスラム原理主義政権に対抗する政権をアフガンに樹立し、イランに絶えず大きな脅威を与えておくことが必要であった。都合のいいことに、タリバーンの教義は、広い意味でサウジアラビアのイスラム教と同じスンニー派に属していた。サウジアラビア政府としては、同門の教徒であるタリバーンを公然と支援する理由が存在したのである。つまり、絶対王制を採用している湾岸諸国は、クリントン政権が採用した対応と同様に、ホメイニ師による革命後のイランを警戒し、牽制する戦略からタリバーンを支援したのであった。

サウジアラビアは、ソ連軍のアフガン侵攻以来、一貫してアフガンへの資金援助を続けてきた。この時は、王制を否定する社会主義思想がペルシャ湾を越えてアラビア半島に上陸することを防ぐのが目的であった。そしてソ連軍の撤退により、その危険性が去ると、サウジアラビアは米国に代わって最大の援助国になり、資金は引き続きパキスタン経由でムジャーヒディーン勢力に渡った。アフガンの共産主義政権が倒れ、ムジャーヒディーン組織の中からラバニ大統領の率いるタジク人勢力が主導権を握ると、サウジアラビアからの援助資金は、主に当時「イスラム回帰運動」を提唱し、イランを批判していた元カーブル大学教授アブドゥル・ラスール・サヤーフの組織「アフガニスタン解放イスラム同盟」に流れていった。同時に、パキスタン軍情報部を経由してヘクマティアル派など反ラバニ勢力にも資金が渡されていた。ところが資金援助を受けながらも、ラバニに反対する勢力が政治的に優位に立てない状況が続くと、今度は新たに誕生したタリバーンへと資金の流入先が変わった。

このようにサウジアラビアを中心とする豊富な資金援助の流れは、その時々の状況に応じて目まぐるしく援助先を変更し、止むことなく続いてきたのである。タリバーン誕生とその勢力拡大の背景には、パキスタンだけでなくサウジアラビアなど湾岸諸国の思惑も微妙に絡んでいた事実を見落とすことはできない。

アフガン義勇兵

サウジアラビアを中心とする湾岸諸国のアフガンへの関与を眺めると、資金面での豊富な援助だけでなく、イスラム圏の若者を義勇兵としてアフガンに送り込むという人的援助が存在した事実についても注目しなければならない。この人的援助こそ、サウジアラビアにとっては恐るべき諸刃の剣となるが、そのような事態を招来することを予測した者は、サウジアラビア政府にも、米国の情報機関にも、誰一人として存在しなかった。サウジアラビアからアフガンに義勇兵として出兵した若者の一人が、やがて国際テロ組織アルカーイダの指導者に変身し、祖国に反旗を翻す結末になったからである。

サウジアラビアの人的援助の系譜は、一九七九年、ソ連軍の侵攻と同時に始まった。サウジアラビア政府は、アフガンへの義勇軍に参加するよう自国の若者に呼びかける一方、エジプト、アルジェリア、イエメン、スーダン、レバノン、クウェート、トルコ、チュニジア、アラブ首長国連邦など、イスラム圏の若者にもアフガンの対ソ戦に参加するよう働きかけた。ソ連軍侵攻の最初の一年間に、参加した青年は約一万数千人にのぼった。その半数はサウジアラビアからで、その中に当時二二歳のビンラーディンが参加していた。残りはアルジェリアから三〇〇〇人、エジプトから二〇〇〇人などであった。サウジアラビア政府は、アフガンに向かう志願者にはサウジアラビアの旅券を発行する熱の入れようであった。また、参加者を募るため欧米の主要都市にアフガン義勇兵の募集センターを作り、アメリカやヨーロッパの青年数百人もアフガンに向かった。こうした海外からの義勇兵の数は、ソ連軍の支配期間中だけでも延べ二万人前後にのぼったものと見られる。かれらの出身地の多くが中東のアラブ諸国であったため、アラブ系のアフガン人、つまり「アラブ・アフガン」と呼ばれていた。

これらの若者の中にはソ連軍との戦闘で戦死した者もいたが、多くの義勇兵はソ連軍が撤退するとと同時にそれぞれの国に戻って行った。ビンラーディンもムジャーヒディーン同士の派閥争いに絶望し、アフガンを離れた一人だった。しかし義勇兵の中には、そのままアフガンやパキスタン国内に留まった者も一〇〇〇人前後は存在した。彼らの中にはパキスタンのペシャワール、カラチなどの都市で貿易業や小売業など普通の市民生活に転業した者もいれば、そのままゲリラ組織に留まり、兵士としての生活を継続した者もいた。

そしてタリバーンが登場すると、アラブ・アフガンの若者の中から、再び銃を取り、タリバーンの軍事組織に参加する者が現れた。タリバーンの中に混在する外国人部隊であった。こうしたアラブ・アフガンを街の中から探し出し、タリバーンに斡旋したのは、パキスタン軍情報部であった。もともとソ連軍という外敵と戦うためにやってきた若者が、今度は同じアフガン人同士の戦いに参戦することになったわけである。そこには、もはやソ連軍と戦った「聖なる戦士」の意識はなく、金で雇われた単なる外人傭兵の姿しかなかった。

ここに目をつけたのが、再びパキスタンに姿を現した国際テロ組織の指導者ウサマ・ビンラーディンであった。その狙いはタリバーンを支援することが主目的ではなく、彼らを国際テロリストとして育成することであった。彼らにイスラム原理主義の新たな精神を植え付け、海外でテロ活動を行うための実践的な訓練をアフガン国内の施設で実行しようと計画したのである。

ウサマ・ビンラーディン

アフリカのスーダンを追われることになったビンラーディンが、家族を伴ってアフガンに舞い戻ってきたのは、九六年五月一〇日であった。彼にとっては、ソ連軍撤退後の八九年夏、アフガンからサウジアラビアに帰国して以来、七年ぶりのアフガン再訪であった。三九歳になっていた彼は、サウジアラビア政府からすでに国籍を剝奪され、米国の情報機関などからは身柄の捕捉を追及される厳しい状況に立たされていた。というのも九三年二月のニューヨーク世界貿易センタービル爆破事件や、同年一〇月のソマリアにおける米兵一八人の死亡事件など、世界各地で頻発し始めたテロ事件に関連して、主謀者としての容疑がかけられていたからである。

スーダンのハルツームから小型機でアフガンのジャララバードの飛行場に到着したビンラーディンは、かつてこの町でナジブッラー共産政権軍とゲリラ組織の連合軍が激しい戦闘を繰り広げたことを思い出していたことであろう。ビンラーディンはアラブ・アフガン義勇兵らとともにこの戦闘に参加し、多数の義勇兵が死亡する光景を目撃していた。しかもこの戦闘の敗北の背後では、パキスタン軍情報部と米国の情報機関が暗躍し、あえてゲリラ組織が敗北するような忌まわしい謀略が仕組まれた事実を知っていたからである。

アフガン入りしてから数日後、ビンラーディンはヘリコプターで四〇〇キロ南にあるタリバーンの本拠地カンダハールに向かい、ウマルらタリバーン指導部と接触した。彼は青年時代の一〇年近くをアフガンで過ごし、パキスタンを含めて周辺地域の事情に詳しかった。またムジャーヒディーン組織の指導者や奸智《かんち》に長《た》けたパキスタン軍情報部の幹部らとも顔見知りであり、その一部とは親交もあった。しかもパキスタンとアフガンの国境周辺には、すでにスーダンなどでのビンラーディンの活躍ぶりを知り、彼を信奉するアラブ・アフガンの若者ら三〇〇〇人がゲリラ組織のキャンプなどで暮らしていた。彼を迎える環境は十分に整っていた。

ビンラーディンはスーダン政府から国外退去を求められた際、「自分が向かう土地は、イエメンかアフガニスタンしかない」と語っていた。最終的にアフガンを選んだ理由は、アフガンの方が追及の手を逃れ易い上に、テロリストの受け入れ施設や海外への送り出しに有利だと判断したからであろう。

ウサマ・ビンラーディン
（ロイター＝共同）

しかし、彼が国家形態にまで到達していないタリバーン組織と、どのような関係を維持しようと考えていたかは分かっていない。明らかな点は、ビンラーディンが彼流のイスラム原理主義による世界変革を目指すグローバリズムに立脚していたのに対し、タリバーンはあくまでアフガン一国の完全支配を求めるローカリズムに立っていたという違いであった。用意周到なビンラーディンは、アフガンに向かう前に武器を満載した飛行機を飛ばし、タリバーンが求めていた兵器を補充した。またアフガン到着の前後数回にわたり一億ドルもの現金をタリバーンに贈り、ウマルら幹部を十分に懐柔していた。一方、タリバーン側は、マザリシャリフなどアフガン北部の戦略拠点をめぐる「北部同盟」との戦闘で一進一退を続けていたことから、兵力補強策としてビンラーディン直属の義勇兵の参戦を期待していた。

このように両者の最終目標や当面の計画はまったく異なっていたが、相互に補完し合う共存関係は成立したのである。こうしてタリバーン組織と国際テロ組織との同床異夢の生活が始まった。

しかし両者の力関係、あるいは相手への依存度や期待度は必ずしも対等ではなかった。どちらかと言えば、ビンラーディンはウマルら指導部に慎重に敬意を表しながら、実際はタリバーンを「隠れ蓑」として利用していたと見るのが妥当であろう。一方、ウマルら指導部にしてみると、ビンラーディンの出現は、世界のイスラム原理主義や周辺国の国際情勢についての情報源であるだけでなく、大きな資金源の登場でもあった。タリバーンは、支配を拡大する過程でアヘンのもとになるケシの栽培地域を独占したが、アヘンの国外への密輸とその収益の獲得には、ビンラーディンが世界に張り巡らした金融ネットワークが助けになった。このためタリバーン指導部の中には、パキスタン軍情報部よりも、ビンラーディンの情報や助言を重視する傾向が徐々に生じた。つまりタリバーンが、育ての親のパキスタン軍情報部のコントロールに従わなくなる事態が生まれたということになる。このことは、ビンラーディンの出現が、タリバーンとパキスタン軍情報部の蜜月関係にやがて微妙な亀裂をもたらす兆候でもあった。

そしてビンラーディンがアフガンに舞い戻ってから一年後、アフガン情勢を決定してきた主役の中に、米国が再び登場することになった。その登場は、当初はタリバーン批判から始まったが、次第に矛先《ほこさき》をビンラーディンに向け、さらにはパキスタン政府へと向けていった。

パキスタンの混迷

二期目に入ったクリントン政権は、人権抑圧を理由にタリバーンへの批判を一段と強めていた。そうした状況の中で、パイプライン建設に躍起となっていたパキスタンとトルクメニスタンの両政府は、九七年五月、米石油資本ユノカルの代表をトルクメニスタンの首都アシガバードに呼び、石油会議を開催した。パイプライン建設に向けて三者の取り組みを強化するのが狙いであった。

ところが同じ五月、隣国イランで行われた選挙で、イスラム原理主義に固執する保守派を大差で破り、穏健派のハタミ政権が出現するという予想外の変化が生まれた。このイランの路線変更を歓迎する形で、米国のイランに対する敵視政策が久々に転換することになった。そして同年七月、米政府はトルクメニスタンからイランを経由してトルコに向かう、イランのパイプライン建設を容認してしまったのである。

これはイランに対する米国側の関係改善を求めるシグナルでもあったが、パキスタン側にとっては、アフガン・ルートのパイプライン建設の重要性を半減させる悪材料であった。しかも、同年一二月には、国連はアフガン周辺の六か国に米国、ロシアを加えた八か国による、アフガン問題解決への国際会議を招集することに成功した。二〇年も前に起きたテヘランの米大使館人質事件以来、対立を続けてきた米国とイランの代表が、久しぶりに同席することになった。アフガンを取り巻く国際社会が大きく変動し始めたあかしでもあった。この新事態によって、パキスタンの周辺諸国に対する戦略が根底から見直しを迫られることになったのである。

このようなイランの情勢変化に加え、さらに大きな二つの難題がパキスタンのシャリフ政権の行く手に立ちはだかった。インドの核実験と、ビンラーディンによると見られるアフリカの米大使館爆破事件の発生であった。

二つの難題

まず九八年五月、かつて三度も戦争を繰り返した隣国インドが二四年ぶりに地下核実験を行った。この核実験は、カシミール地方の帰属をめぐる紛争で長い対立が続いてきたパキスタン側の強い反発を呼んだ。このためパキスタン側もインドに対抗する形で、同じ五月に核実験を実施した。インド、パキスタンの相次ぐ核実験は、国際社会からの非難だけではなく、米国による経済援助、投資活動の即時停止という制裁措置をもたらした。パキスタンは国際通貨基金(IMF)から予定されていた五億ドルの借款を取り消された。また経済制裁によって、食料品や燃料など物価が二五パーセントも値上がりする経済危機に陥った。国内経済が悪化する中、米国やインドからの圧力にさらされたパキスタンのシャリフ政権は、文字どおり内憂外患の状態に追い込まれていた。

もう一つシャリフ政権を直撃したのは、インド洋を越えたアフリカの二つの国で起きたテロ事件であった。核実験からまもない八月七日、アフリカのケニアとタンザニアの米大使館が、ほぼ同時刻に爆破される事件が起きた。この爆破事件で米国人を含む二三四人が死亡し、五〇〇〇人が負傷する惨事となった。米国の情報機関は、爆破事件の首謀者をビンラーディンの率いるテロ組織と断定し、直ちに報復措置を取る方針を決めた。報復はアフガンとスーダンにあるビンラーディンの活動拠点やテロリスト訓練所などを武力攻撃するというもので、米国は巡航ミサイル「トマホーク」を発射し、アフガン内の拠点に軍事的な制裁を加えたのである。

クリントン政権による武力制裁の発動は、ビンラーディンのテロ組織に対する本格的な武力行使の始まりであったと同時に、ビンラーディンをかくまっているタリバーンと、タリバーンを側面から支援してきたパキスタン政府、つまりシャリフ政権への重大な警告でもあった。米国は攻撃と同時に、ビンラーディンを拘束するため、パキスタン政府が行動を開始することを求めた。このような事態が生じたことによって、タリバーンによるアフガン支配を前提とした石油パイプライン構想は完全に挫折することになった。

重要課題が幾重にも立ちはだかる状況を前に、シャリフ首相は事態を打開する政治力をほぼ失いかけていた。その年の一〇月一二日、パルヴェズ・ムシャラフ参謀長による軍部の無血クーデターが発生し、シャリフ首相は政権から下ろされることになった。

高まるタリバーン非難

ビンラーディンの身柄拘束に動き始めた米国は、経済制裁の解除などを条件にパキスタン政府の協力を求め、タリバーンが彼を国外に追い出す措置をとるよう働きかけた。またタリバーン代表と秘密裡に話し合い、ビンラーディンの身柄の引き渡しや訓練キャンプの閉鎖を要求したが、タリバーン側からは明確な回答がなかった。そこでクリントン政権は、この問題を国連の安全保障理事会に持ち込み、同理事会は一九九九年一〇月一五日、ビンラーディンの身柄を第三国に引き渡すことや外国の銀行にあるタリバーンの資産凍結を求める決議を採択した。安保理の声明はその理由として、マザリシャリフでの残虐行為、麻薬収入に依存した経済、未成年者の徴用、女性と子どもへの差別、イラン外交官の殺害など、タリバーンの非人道的な行為を列挙している。米国は国連を巻き込んで、タリバーンとビンラーディンに対する国際包囲網を作ろうという狙いであった。

ところが、こうした措置を嘲笑するかのように、米国を標的とした新たなテロ事件が起きたのである。翌二〇〇〇年一〇月一二日、イエメンのアデン港に停泊していた米海軍イージス駆逐艦「コール」に、爆弾を積んだ小型ボートが突入した。この自爆テロ事件では米兵一七人が死亡した。事件後テロ組織が犯行声明を出したが、米国はビンラーディン・グループの犯行という見方を強め、直ちにこれまでより一段と厳しい制裁決議案を国連に提案して、一二月一九日に可決した。この決議は、タリバーンに対しビンラーディンのアフガンからの退去を求める一方、訓練キャンプの閉鎖を一か月以内に実施することを要求する内容であった。この要求が実施されなかった場合はタリバーンに対する武器輸出や軍事支援を禁止し、タリバーンが保有する資産を凍結することが盛り込まれた。

タリバーンはこの制裁決議を無視したため、翌二〇〇一年一月一九日に決議が発動された。タリバーンへの武器輸出や軍事援助の禁止という制裁措置は、それまでの制裁内容を一段と厳しくしたもので、タリバーンは事実上、パキスタンなど友好関係にある外国から武器弾薬を入手できなくなった。北部同盟など反タリバーン・グループは自由に武器を輸入できる状態が継続していることから、この制裁は「タリバーンへの一方的な差別制裁である」と、タリバーン側は国連への姿勢を硬化させた。

またこの制裁は、それまでのパキスタンの指導者が続けてきたタリバーン支援政策について、根本的な変更を公然と要求するものであった。九九年一〇月、クーデターで政権に就いたムシャラフ大統領にしてみると、この要求は、それまでのパキスタン軍情報部とタリバーンが維持してきた癒着関係を断ち切れ、という米国の意思表示であった。ムシャラフ政権の対応は意外に速かった。タリバーンとの間に距離を置き始めたのである。

実は、ムシャラフ大統領は、米国陸軍の軍人養成学校で教育を受けた経験があった。また彼の個人的な趣味や嗜好は、伝統的なイスラム教徒と相容れないものがあり、イスラム教が飲酒を禁じているのを無視して堂々とウイスキーを愛飲し、外遊先では好きなゴルフに熱中するなど、敬虔なイスラム教徒というより、イギリス紳士風の開放的な行動が散見された。またムシャラフ政権が登場した後、パキスタンのテレビ放送や新聞には、政府に批判的な意見が伝えられるようになり、これまでの民主政権より、ムシャラフ軍事政権の方が言論の自由度が高いという見方が出ているのも事実である。

彼はまた、シャリフ政権を無血クーデターで倒した際、選挙によって生まれた二つの前政権が、いずれも汚職と利権にまみれた腐敗政治を行い、パキスタン経済を破綻に導いたと主張した。そして、これまでの政権内部に隠然とした影響力を持っていた軍情報部がタリバーンとの関係を間違った方向に導いたとして、軍組織内部の改革にも取り組み始めた。こうしてタリバーンは、唯一の支援国パキスタンからも見放され、次第に孤立感を強めていった。

米国のタリバーンへの圧力が加速される中で、二〇〇一年、米国の指導者が共和党のブッシュ政権に交代した。そしてその年の九月一一日、国際テロ組織の攻撃は、ついに米国の中枢機関を直撃する事態に発展した。同時多発テロ事件の発生である。

第5章

◆

恒久和平への道(2001〜　)

——民族統合の条件——

タリバーン軍が放置していった戦車の前に立つ著者(2002年8月)

1　同時多発テロとアフガン空爆

仏像の破壊命令

二〇〇一年二月末、タリバーンの指導者ウマルは、アフガン国内にある仏像の破壊を命じた。アフガンは、パキスタンのガンダーラなどとともに、二〇〇〇年以上も前から仏教文化が栄え、アフガン東部を中心に仏教の遺跡が数多く残っている。三月に入って、バーミヤンの巨大石仏が砲撃によって破壊されたほか、各地の博物館に展示されていた仏像が次々と壊されていった。イスラム教は偶像崇拝を禁止してはいるが、イスラム以前の歴史的な遺産をなぜ破壊する必要があったのか、タリバーンの行動は世界に強い衝撃を与えた。この仏像破壊を命令したタリバーンの動機については、この年一段と強化された国連の制裁措置、特にタリバーンへの武器輸出を禁止したことに反発したという見方や、タリバーン組織内部に強硬派と穏健派の二派が存在し、指導者ウマルが強硬派の意見を取り入れたとする説、さらにはタリバーン指導部には爆破計画は存在せず、むしろ爆破作戦はテロ組織の国際戦略の一環として、ビンラーディンが発案、主導したとする見解などがある。しかし明確な背景は不明である。

この年、アフガン各地の旱魃による被害は深刻さを増した。二年前からの日照り続きで作物の不作が続き、国連の調査では、農耕地の四〇パーセントが放置され、人々は穀物や飲料水の不足に苦しんでいた。外国からの食糧援助も、タリバーンの人権抑圧を嫌って減少の一途を辿っていた。旱魃の被害を調査した国際機関は、少なくとも七〇〇万人が飢えに苦しんでいると報告した。他方で、病人や飢えに苦しむ人々を支援してきた国連や民間の国際援助団体による活動は、タリバーンの中に混在するアラブ系兵士の嫌がらせを頻繁に受けていた。五月には、イタリアの援助団体の病院にアフガン女性が働いていたとして、タリバーンにより病院が閉鎖された。国連はアフガンでの人道援助活動を停止する方向を検討しつつあった。そうした中で、毎月三〇〇〇人の難民が、ヘラートの難民キャンプやパキスタン側に流出し始めていた。

首都カーブルのサッカー場では、相変わらず見せしめの公開処刑が継続され、盗みで捕まった男が手を切断されるといった光景が続いていた。北部の国境地帯では、タリバーン軍と北部同盟軍との戦闘が断続的に行われていたが、タリバーン軍はアフガン北部を完全には掌握できないでいた。しかしタリバーン軍の勢力の拡大に対しては、タジキスタンやウズベキスタンの両政府とも絶えず神経を使い始めていた。

アフガンの市民の多くは、久しくテレビを観ることもラジオを聞くことも禁じられ、新聞の発行も停止していた。米国の大統領がブッシュに代わったことも、ブッシュ大統領がどんな人物であるかについても、ほとんどのアフガンの人々は知る由もなかった。さらにサウジアラビア出身のビンラーディンという人物がアフガン国内に暮らしていることも、彼が海外でいくつかのテロ事件を引き起こし、巨額の懸賞金を掛けられて米国から指名手配されている事実も、普通の人々は知らなかった。タリバーンの支配下にあった多くのアフガンの都市や村は、こうして世界の情報から隔絶されていたのである。

同時多発テロ

九月一一日、米国の政治、経済の心臓部であるニューヨークとワシントンで同時多発テロ事件が発生し、世界貿易センタービルに旅客機が突入するすさまじい映像が繰り返し世界中に流された。その頃アフガンは、これらの情報がまったく届かない「情報から隔絶された世界」であった。しかしアフガンにあって、こうした情報をつぶさに眺めることができた人物がいた。ビンラーディンである。パソコン数台を所有し、インターネット情報を自由に入手することができた上、タリバーン幹部から例外的に衛星放送の受信を認められていた彼は、当時アフガンに暮らしていた人々の中では、世界の動きを自由に眺めることができた数少ない一人であった。

このテロ事件の首謀者が、仮に米国の言うようにビンラーディンであるとするならば、彼はこの年の早い段階で襲撃計画の全貌を練り上げていたことであろう。自分が作り上げた国際テロのネットワーク「アルカーイダ」を使い、いつ、誰が、どのような方法で、どこを襲撃するか。そしてこれまでのテロ行為の概念を根底から覆す、まったく新しいタイプの大規模な襲撃作戦が、米国を中心とする欧米社会と、中東などのイスラム社会に与える異質の衝撃についても、十分計算していたにちがいない。

ビンラーディンは、二年ほど前から、ごく少数の限定された仲間にしか所在が分からないよう、移動先や移動方法について極めて慎重な行動をとっていた。アフリカの米大使館二か所を同時に爆破した事件の報復として、巡航ミサイルによる攻撃を受けてからは、タリバーンとの接触も含めて目立った行動を控え、自分の居場所を転々と変える生活を送っていた。

同時多発テロ事件の数日前、カーブルの北にあるパンジシール渓谷で、テレビ・クルーを装った二人のアラブ系自爆テロリストが、インタビューに応じた北部同盟の中心人物マスード司令官を殺害した。犯人は、ビンラーディンが送り込んだアルカーイダのアラブ系メンバー二人であった。この事件の数日後に同時多発テロ事件が起きたことから、二つの事件に関連があるとの見方もある。米国中枢を攻撃する同時多発テロ事件が成功すれば、当然ブッシュ政権はタリバーンとビンラーディンに報復攻撃、それもアフリカの米大使館爆破事件の時よりも、はるかに大規模な攻撃に踏み切ることが予想された。そうなると、米国は北部同盟を利用して地上作戦を繰り広げることも考えられる。とするならば、事前に北部同盟の司令官を殺害して、勢力を弱体化させておくことが必要だと考えた、との推測もある。

米国でのテロ事件が、ホワイトハウスへの突入計画を除いて、ほぼ成功した後、カンダハールにいたビンラーディンは指導者ウマルと会った。国外の情報を絶えず入手していたビンラーディンが、国外の動向を知らないウマルに、この時世界で起きていたことを伝え、二人が事件の成功を話し合ったことは十分予想される。この両者の会談を最後に、二人の消息は途絶えることになった。

米英のアフガン空爆

三〇〇〇人を上回る多数の犠牲者を出した未曾有のテロ事件に対し、九月一一日夜、ブッシュ大統領はホワイトハウスからテレビとラジオを通じて演説を行い、「これは米国に対する宣戦布告である」と述べた。大統領は、また九月二〇日の上下両院で「我々の悲しみは怒りへと変わり、怒りは決意へと変わった。敵を裁きの場に立たせなければならない」と力説した。そしてタリバーンに対し、ビンラーディンの身柄を直ちに引き渡すよう要求し、この要求が受け入れられない場合は、武力攻撃に踏み切る方針を明らかにした。米国は、タリバーンのこれまでの対応から、要求に応じる可能性はほとんどないと見て、武力行使の準備を開始し、同時にアフガンを取り巻く周辺諸国への根回しに全力を挙げることになった。

これに対し、国連安全保障理事会、NATO(北大西洋条約機構)、欧州連合などがテロへの非難決議を採択する一方、ロシア、中国などを含む六〇か国以上の国々が米国を支持する姿勢を示した。米国にしてみると、アフガンへの武力行使は時間との戦いであった。第二、第三のテロ事件の発生を防ぐためには、一刻も早い武力による制裁が必要であった。

当初ブッシュ大統領は、米国は世界のイスラム教徒を相手に十字軍の戦い「クルセード」を仕掛けると表明した。後にこれを取り消したが、世界各地でイスラム教徒の反発が起きた。五〇万人とも言われる原理主義者がいるパキスタンをはじめ、中東のパレスチナ、レバノン、エジプト、インドネシアなどイスラム圏では、米国に抗議するデモが相次ぎ、パキスタンではキリスト教会への襲撃事件も起きた。

その一方で、英ブレア首相やパウエル国務長官ら米英の首脳が相次いでアフガン周辺諸国に飛び、戦闘に参加する爆撃機や戦闘機が基地を使用する許可を求めるかたわら、後方からの支援を要請した。そして一〇月七日、ついに「見えないテロ組織と国家との戦争」、つまり宣戦布告のない「新たな形の戦争」が始まったのである。

米英両国の軍事作戦は、第一段階として、インド洋の艦船から飛び立った戦闘爆撃機や、潜水艦などから発射された五〇発に及ぶ巡航ミサイルなどのハイテク兵器を駆使して、タリバーンが支配するカーブルの国防省や、各地の飛行場、アルカーイダの訓練所などへの空爆が中心となった。この空爆でアフガンに投下された爆弾は、第二次大戦中、一九四一年から四二年のロンドン大空襲でドイツ軍が投下した爆弾の半分に相当する一万トンに達した。タリバーンはこの空爆によって制空権を失った。当初、ブッシュ大統領は、アフガン・ゲリラとソ連軍との一〇年に及ぶ戦闘を想起してか、「この戦いは一年も二年も続くかもしれない」と長期戦への懸念を述べていた。

しかし、タリバーン軍の敗退と同政権の崩壊は予想されたよりも意外に早かった。米英軍がタリバーン軍部隊の集結地点に間断ない空爆を加える一方、北部同盟に対して武器や砲弾の援助を行っただけで、北部同盟軍が息を吹き返し、北部の戦況は変わっていった。武力行使から約一か月で、北部の要衝マザリシャリフが北部同盟に奪還されると、西部のヘラート、首都カーブルが次々に反タリバーン勢力に陥落していった。米英軍の地上部隊による戦闘は、結局タリバーンが最後まで死守しようとした本拠地カンダハール周辺と、初期の北部での攻防戦が見られた程度であった。空爆開始から二か月が経過した一二月七日、タリバーンはカンダハールを明け渡し、ここにタリバーン政権の崩壊を見ることになった。

空爆の開始以来一年間の犠牲者数を見ると、戦闘による米兵の死者は一六名、飛行機事故など戦闘以外での死者は二三名となっている。英軍兵士の犠牲者は三名だった。また取材中の外国人報道関係者の犠牲は八名である。これに対し、空爆による民間人の死者は、米国の研究者によると三〇〇〇人以上にのぼったとする数字もあるが、定かではない。民間施設やアパートなどへの誤爆で生じた死者を加えただけでも、数百人規模の犠牲者が出たことは確実である。

タリバーン崩壊

このような短期間でのタリバーン政権の瓦解は何を意味しているのだろうか。明確に言える点は、タリバーンという組織が、宗教的側面から見ても、政治的な側面から見ても、強固なイスラム精神を絆にした「結束した集団」ではなかったという事実である。

太平洋戦争の末期、サイパン、硫黄島などにいた日本軍には、敗走という発想はなかった。アリューシャン列島の最西端にあるアッツ島で日本軍全員が戦死した敗北以来、日本軍には「玉砕」の精神しかなかった。敗北が決定的になった時でさえも、米軍の投降の呼びかけを無視し、兵士も、その家族も自刃した。天皇を中心とする全体主義的国家思想への忠誠が徹底していたからである。その光景を見た米軍兵士は、自らの命を国家に捧げることを厭わない日本兵の精神構造に、恐れをともなった驚きを感じたという。

日本軍が示した精神性は、人間が死に直面したり、何らかの要因で死に追い込まれたりする極限状態を想定し、軍人だけでなく医師、哲学者、易者、文学者などがしばしば意図的に準備する論理でもある。なかでも、生と死について語らなければならない宗教思想においては、必ずその模範解答を用意しなければならない。各宗教や宗派を超えて、この論理を身につけることによってのみ、死を恐れる普通の人間が、初めて「死を恐れない人間」に自己を変革してゆくことになるからだ。従って、このような精神性を身につけることは、アッラーという唯一絶対神を信じるイスラム教徒にとってのレゾン・デートル(存在証明)であり、ムサルマーン(ムスリム)としての「あかし」なのである。ところが、そうした根源的な精神性、すなわち「真のムスリムとしてのあかし」の片鱗さえもタリバーンには見られなかった。この点にこそ、タリバーンが真のイスラム教徒ではなかったという事実と欺瞞を見出すことができる。

むしろイスラムの真の精神性が見られたのは、自爆テロで「殉死」したコマンドたちだけであった。それゆえ、世界貿易センタービルとペンタゴンに、捨て身でジェット機を突入させた犯行グループに対して、日本軍の「特攻隊」との共通性が、事件直後に指摘されたのも頷ける。彼らは、天国への道を約束されると信じてきたがゆえに、自爆テロを「ジハード」と位置づけ、自らの命を投げ出したのである。パレスチナの自爆テロリストも、この点では同じ精神性にあると言える。

逃亡者たち

宗教者の集合体、あるいは政治組織としてのタリバーンが崩壊に向かった時、すなわち、極限である「組織の死」に直面した時、彼らはイスラムが求める「精神的な殉死」を模索することも、提示することもなかった。一時、二万人を越えたタリバーン勢力は、蜘蛛の子を散らすようにして、どこかに消えてしまった。逃亡したのである。

タリバーン軍兵士の主力は、①難民キャンプ出身のパシュトゥーン人の若者、②パキスタン国内から集められた元ムジャーヒディーン兵士(アフガン出身者)、③パキスタン軍の元兵士(パキスタン出身者)、④アラブ系アフガン人、つまり外人部隊(アフガン人、パキスタン人のいずれでもない外国人)の四者で構成されていた。しかしさまざまな集団の寄り合い所帯であっただけに、組織の指揮・命令系統は必ずしも十分な統率が取れてはいなかった。外人部隊を除く多くの兵士は、イスラム精神に駆り立てられたというよりも、出稼ぎのために参加し、パキスタン軍情報部とテロ組織による資金でかき集められ、買収されたというのが事実に近い。そして米英軍の空爆によって敗色が濃厚になったのを知ると、兵士の多くは、タリバーンから遊牧民や農民に成りすまし、国境を越えてパキスタンに舞い戻った。アラブ系アフガン人も行き場所を失い、一部が北部同盟軍や米英の地上部隊に拘束されたが、パキスタン経由で国外に脱出した者も多数いる。

ビンラーディンとタリバーン指導者ウマルも、ぷっつりと足跡を消してしまった。事件の後、ビンラーディンの行動の一端をうかがわせるものは、湾岸カタールの衛星テレビ局「アルジャジーラ」が数回にわたり放送した彼の声明と映像であった。その中で彼は「巨大なビルが破壊され米国民は恐怖におののいている」、「米国民が味わっている恐怖は、これまで我々が味わってきた恐怖の報復である」と述べている。さらに事件から一年余りが経過した二〇〇二年一一月、彼の声を録音したとされるテープが、再び「アルジャジーラ」から放送された。テープの声紋を鑑定した結果、この声が彼のものであることが判明し、米大統領副報道官もその事実を認めた。彼が生存しているのは確かだが、アフガン周辺からイエメンなど海外に逃亡した可能性もある。

カーブルやヘラートなどタリバーンの恐怖政治から解放された町では、数日のうちに様相が変わった。人々は隠し持っていたカセット・テープを取り出して音楽を聴き、子どもたちは凧揚げに興じるなど、普通の娯楽が復活した。女性たちはさすがにブルカを脱ぐことをためらっていたが、男たちは伸ばしたままのひげを床屋で剃ることも自由になった。

タリバーンの敗北は、パキスタンやイランの難民キャンプに暮らしていた人々の帰還をもたらし、半年のうちに一七〇万人がそれぞれの故郷に戻った。しかし難民生活の過程で親を失った孤児たちも多かった。これら身寄りのない孤児たちもカーブルに戻り、いわゆる「ストリート・チルドレン」として暮らし始めた。その数は三万八〇〇〇人にものぼる。この子どもたちを助けてゆくために、世界各地からボランティア・グループがアフガンに集まり、さまざまな支援活動を始めたが、人手も資金も足りないのが現状である。

2　暫定政権の樹立とカルザイ体制

新指導者の選定

タリバーンの崩壊が近づくとともに、タリバーン後の権力機構をどのようにして築いてゆくかという問題が浮上してきた。あまりに多くの国々がアフガンに干渉してきたため、国連主導で問題を処理してゆく以外に道は残されていなかった。そこで国連のアナン事務総長は一〇月三日、かねてからタリバーン政権との交渉に当たってきたブラヒミ代表を事務総長特別代理に任命し、新たな政権の青写真づくりを急がせることになった。

これより先に、国連の事務当局内では、アフガンの新政権の枠組みについて、すでにおおよその方針を固めていた。その内容は、イスラム原理主義を標榜するタリバーンのような、極端に宗教色の強い政権が台頭しないように歯止めを掛けることと、イスラム教以外の他宗教をも認める「共和制の世俗政権」を樹立することであった。また、こうした政権を構築してゆく道筋として、カンボジア和平(一九九〇年)のあとの政権樹立のプロセスが参考にされた。同時にパシュトゥーン勢力に配慮し、彼らの伝統であるロヤ・ジルガ(国民大会議)を取り込みながら、これに西欧的な議会制民主主義の機能を持たせることも決まった。

しかしブラヒミ代表が直面した最大の問題は、米英両国の意向が見え隠れする中で、誰を新政権の中核に据えるか、また主要な民族から何名の代表を暫定行政機構のメンバー、つまり閣僚に選出するか、であった。

かつて欧州列強の植民地支配から独立した国々では、必ずと言っていいほど独立運動を進める中心的な人物が存在した。アフガンの場合、そうした民族主義者、あるいは愛国的な独立運動家の誕生を見ることはなかった。その理由は、民族を母体とした各勢力が、政治的にも思想的にも民族の壁を乗り越え、アフガンという「国家の枠組み」を構築することができなかった点にある。結局、各派は民族内の狭い範囲においての利害追求に奔走し、アフガン全体のアイデンティティ、あるいは「共通の価値観」を創出できなかった、ということになる。しかも前章で述べたように、各民族がそれぞれ異なる諸外国と緊密な関係を結び、代理戦争の様相を呈したため、民族の大同団結を育む芽が、絶えず外部の干渉勢力に摘み取られてしまった。

そうした中で、タリバーン政権後の新たな国家指導者として、欧米諸国の外交当局者が最初に思い浮かべたのが、対ソ戦の勇者であり、「パンジシールの獅子」と呼ばれたマスード司令官であった。しかし彼は不幸にも自爆テロの犠牲になり、タリバーン後の祖国を見ることはなかった。国連は新たな指導者を探すことになったが、その選定基準は、①新指導者はタリバーン政権と無関係である、②最大勢力パシュトゥーン人からの支持を得られる人物である、③イスラム原理主義など特定の宗教勢力との関係がない、④西側の国際社会における議会制民主主義に理解がある、などであった。「タリバーン後」が視野に入る中で、ローマで長い亡命生活を送ってきたザヒル・シャー元国王が候補にのぼったが、高齢による指導力の低下と、王政復古とも言える立憲君主制の復活には、欧州諸国や国連内部からも強い反対があった。

カルザイ議長

国連や米国、欧州諸国はアフガンの政治家や官僚経験者などの中から新指導者探しに取り掛かることになったが、急浮上したのがラバニ政権時代の外務次官でパシュトゥーン人のハミッド・カルザイだった。彼は、一九五七年、カンダハールに生まれ、ザヒル・シャー元国王と同じ民族集団の出身者である。彼の経歴を見ると、カーブルで高等教育を受けた後、インドのシムラにある大学に学んだ。一九八二年にはソ連軍との戦闘にも参加し、ムジャーヒディーンとして活動した時期もあった。一九九二年、ソ連寄りのナジブッラー政権が崩壊し、ラバニ大統領(現在は北部同盟の長老)による新政権が誕生すると、外務次官として国連などとの折衝に当たった。その結果、カルザイは、パシュトゥーン人の誰よりも北部同盟と強い接点を持つに至り、これがタリバーン崩壊後の政権作りの際に生きることになった。

カルザイ議長(共同通信社)

カルザイはタリバーンが出現した当時、一時タリバーンに惹かれた時もあった。タリバーン側からも、カルザイを国連大使に起用する動きがあったほどである。しかしカルザイは、タリバーンがパキスタン軍の情報機関やアラブ系アフガン人に支配されている事実について疑問を抱き始め、やがて離反した。そしてタリバーンからの追及を逃れるため、パキスタン南部の都市クエッタに避難したが、一九九九年、下院議長を務めたことのある自分の父親が、タリバーンに殺害される悲劇に直面する。カルザイ本人も、議長就任前にタリバーン組織の犯行と見られる暗殺の危機に遭遇したことがあった。

こうしたカルザイに対し、タリバーン後を見据えた米国の情報機関が幾度か接近したことがあった。アフガン空爆前後には、タリバーンの幹部やビンラーディンの行方、パシュトゥーン人勢力の内部抗争などについて、情報を得ようとした形跡がある。

カルザイは、米英軍の空爆の前に、タリバーン政権を崩壊させるためカンダハールに戻り、密かに反乱を起こす計画を持っていたとされるが、従来のムジャーヒディーン組織の指導者のように、武装集団を従えて組織の頂点に立つ「軍閥型」の政治家ではなかった。むしろ、自分と意見が一致する派閥との間には常に友好関係を維持するなど、官僚出身者らしい如才なさを示した。カルザイが暫定政権の議長候補に浮上したのは、傑出した人材が見当たらない状況の中で、米国などからの白羽の矢が立った、ということになる。

国連の関係者や欧州の外交官らには、民族主義者でも、特別に敬虔なイスラム教徒でもない元外交官カルザイに対し、強力な指導力とカリスマ性を期待することはできないだろうという悲観的な見方が多かった。しかし、暫定政権から移行政権に進むに従って、カルザイへの評価は徐々に高まっていった。第一章で述べたように、カラクル帽をかぶった独特のスタイルとパフォーマンスは「新たなアフガンの顔」になったことは確かである。

ボン合意

カルザイを指導者とする政権構想がまとまりつつあった二〇〇一年一一月、国連はアフガンの各民族グループの代表と関係諸国をドイツのボンに集め、新生アフガンの出発を世界に宣言する国際会議の開催を目指していた。当初、この会議の開催地をカーブルにする案や、スイス、サウジアラビアの都市とする候補が上がったが、結局ドイツ政府の国連への働きかけが評価され、ボンに決まった。国連は、この会議の参加国として、先進七か国(G7)にロシアを加えた主要八か国(G8)、アフガンに隣接する周辺国(イラン、中国、タジキスタン、パキスタンなど六か国)、さらにサウジアラビア、インドなどイスラム教と関係のある諸国にも協力を呼びかけた。ブラヒミ特別代表は、タリバーン政権崩壊後に権力の空白が生じないよう、一二月初め、ボンに各民族の代表者を集め協議を開始した。

会議に出席したアフガンの四グループは、①北部同盟、②ザヒル・シャー元国王を中心とする「ローマ・グループ」、③イランの支援を受ける「キプロス・グループ」、④パキスタン寄りのパシュトゥーン人による「ペシャワール・グループ」であった。北部同盟以外は、すべてアフガンの国外で難民生活か亡命生活を強いられており、アフガン国内に大きな政治拠点を持つ者はいなかった。暫定政権の議長に選ばれたカルザイは、アフガン国内にいて会議には出席していなかった。

この協議は暫定政権のあり方や、新政府を樹立するまでの和平プロセスについて決定する目的を持っていたが、話し合いは二日目から難航した。閣僚に誰を選ぶかをめぐり、各派の思惑が衝突したためであった。国連、ドイツ、米国の代表は、各派への説得を繰り返し、「各民族の利益を優先するか、アフガン全体の利益を求めるのか」と詰め寄った。アフガンの和平に向けた「最初で最後の機会」であったが、四日目を迎え決裂が濃厚になった段階で、各派とそれを背後で支援したロシア、イランなど一部の参加国が妥協の姿勢を見せ、一二月六日、ようやく基本的な合意に達して、各派が合意文書に署名した。

このボン合意で決まった主な内容は四項目で、①政府・行政機関に相当する暫定行政機構、国会に相当する緊急ロヤ・ジルガの招集委員会、それに最高裁判所で構成する暫定政権を作る。②この暫定政権はアフガンの国家主権を代表する。③暫定政権の設立から半年以内に、緊急ロヤ・ジルガを開催し、移行政権を作る。④移行政権の発足から一年半以内に、憲法制定のためのロヤ・ジルガを開き、新憲法を制定する。その後、半年以内に自由選挙を行い、新政権を樹立する、となっている。また暫定行政機構を代表する議長に選出されたカルザイ議長は、新国家に移行するまでの間、暫定的な国家指導者になった。

そしてボン合意から半月後の一二月二二日、カーブルに国連や各国政府代表が集まり、アフガン暫定政権が発足した。これによって二三年にもわたり戦乱が続いたアフガンに、国民の和解に根ざした民主的な政治権力が初めて誕生し、国家創設への第一歩が記されたのである。

カルザイ議長は、翌二〇〇二年一月二一、二二の両日、東京で開かれた「アフガン復興支援国際会議」に閣僚らとともに出席し、「荒廃した国土を復興させるには向こう一年に一八億ないし二〇億ドルの資金が必要である」と参加各国に強く訴えた。この国際会議は、日本、米国、EU、サウジアラビアが共同議長国になり、アフガン復興を支援するために開いたもので、EUと六一の国、それに国連、世界銀行など二二の国際機関が参加し、民間のNGOも一部の協議に加わった。その結果、カルザイ議長の要望どおり、向こう一年間で一八億ドル以上、五年間に総額四五億ドルの支援を行うことになった。これはカルザイ議長らの復興に対する並々ならぬ情熱に加え、参加各国がアフガンの悲劇を二度と繰り返さないという共通の認識の現れでもあった。

緊急ロヤ・ジルガ

暫定政権が樹立してからおよそ半年が経過した二〇〇二年六月一一日、緊急ロヤ・ジルガがカーブルで開催された。三二の地域から選ばれた約一六〇〇人の代議員が会場のテントに集まり、民族、言語、所属勢力の壁を乗り越えて、アフガンが抱える諸問題を真剣に議論し合った。過去数年もの間、これだけ多くの人々が、一か所に集まり、政治について話し合う機会はなかった。大勢の人々が集まる光景といえば、サッカー場での処刑か、ムジャーヒディーン兵士の集合の場面でしか見られなかった。女性の代表も数多く出席した会議の雰囲気は、国民和解と新国家建設に向けた熱気に溢れていた。参加者の多くが、ロヤ・ジルガ開催の成功を肌で感じ取り、新たな国家の出発を確信したのである。会議の司会を務めたカルザイ議長は、自ら発言する時間を押さえて参加者に多くを語らせ、人々の率直な意見を聞く姿勢に徹した。ロヤ・ジルガは六月一九日に終了し、向こう一年半にわたり国政を担当する移行政権が発足し、大統領にカルザイ議長が選出された。また主要閣僚と最高裁判所長官の人事が承認された。

カルザイ大統領は主要閣僚のうち、アブドッラー外相とファヒーム国防相の留任を決めたが、ユーヌス・カヌニ内相の辞任を認め、内相ポストにパシュトゥーン人を充てる方針を示した。これは前年一二月の暫定政権の発足に際し、北部同盟の出身者が内務、外務、国防の重要三ポストを独占したことに対し、一部勢力からの抵抗があったことから、移行政権の主要閣僚の人事に際し、微調整を行ったものである。

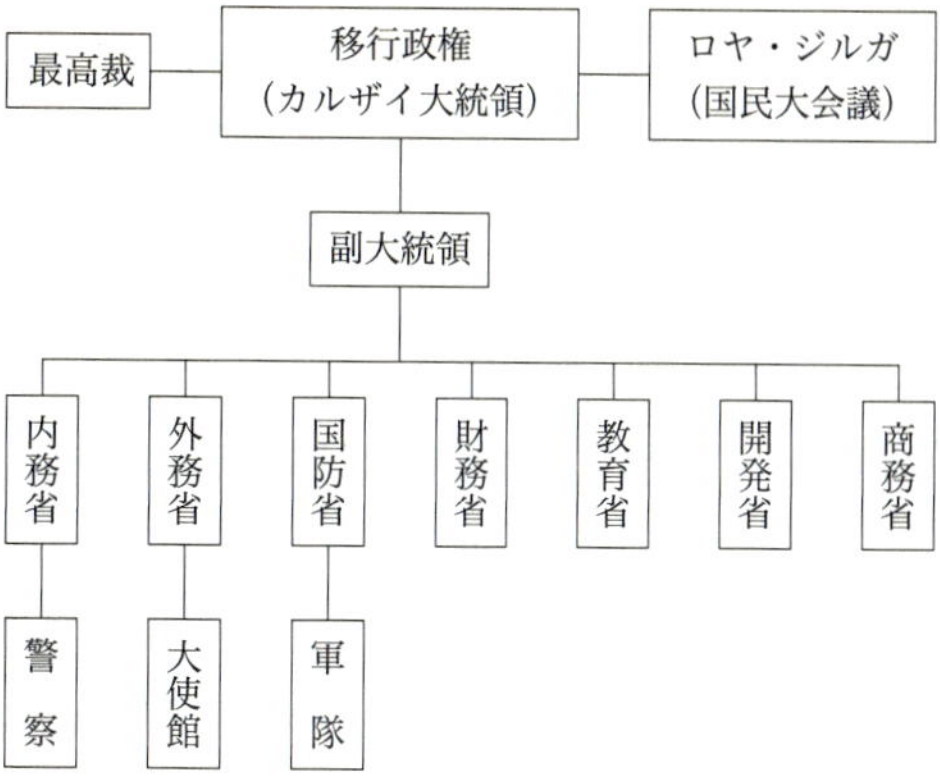

アフガニスタン移行政権の国家組織概略図

タリバーン政権の崩壊とカルザイ大統領を中心とする暫定政権の誕生は、振り返ってみると、米英軍の空爆開始からわずか一年半のうちに急テンポで実現したことになる。意思の統一を図ることがまったく不可能だった長い対立の歴史を見れば、これは誰もが予想し得なかったほどの順調な滑り出しであったと言えるだろう。

復興に立ち上がった人々

カルザイ議長がロヤ・ジルガで移行政権の大統領に選出されてから三か月後の二〇〇二年八月末、私は久しぶりにアフガンを再訪した。その目的は、新政権が着実に市民の支持を得て、国家再建の道を歩んでいるか、それとも新たな政治対立と内戦の危機が醸成されているのかを確認するためだった。今回私が訪れた場所は、カーブルとその周辺の近郊農村地域、それにパンジシール渓谷であった。

その土地に戦争が迫っているか、それとも平和が近づいているかを見ることは、それほど難しくはない。私の取材記者としての経験による診断法は、さまざまな商店を訪ね、店主に聞いてみるという単純な方法である。古くから何度も戦乱にさらされてきたアフガンでは、商売をする人々の嗅覚は格別に鋭い。

カーブル川に面した旧市街の市場、「チャール・チャッタ・バザール」は、狭い路地の両側に、服の生地を売る店が四〇軒ほど居並ぶ繊維問屋街である。インドの映画音楽が、カセット・テープ・レコーダーからけたたましい音量で流れ、路地は人々で溢れかえっていた。その半数は女性であった。ブルカをかぶらず、素顔を見せる女性もいた。買い物客は、色とりどりの生地に触れては、店員と値切り交渉を始めている。生地屋に混じって洋裁店もあり、ターバンを着けていない男性の店員が、ミシンでワイシャツを縫っていた。「タリバーン時代は、あでやかな色彩の服を着てはならなかったので、商売ができなかった。新政権になって、安心して店を出せるようになった」と店主が話してくれた。

路地裏からバザールの広場に出ると、真夏の太陽の下で、ラグビー・ボールの形をしたアフガン・メロンが山積みにされ、売られていた。メロンはタジキスタンなど中央アジア諸国との国境付近で作られるが、タリバーン時代には首都まで大量には送られてこなかったという。

省庁や国連関係の機関が集まる地域には、イタリア料理店も出現した。その中で最近アフガンのカバブ料理を出した店は、一〇年ぶりに店の構えを直して営業を再開したばかりだった。ここの経営者は、「もう戦争はない。みんなが戦争に飽き飽きしているから」と述べた。ロータリーに面した場所には、写真屋、コピー店、音楽テープを売る店など、タリバーン時代に禁止されていた商店が次々に再開されていた。町の至るところで、戦乱で破壊された建物の補修工事が始まり、長期間空き家であった家に人々が戻り始めた。

タクシーに乗って、カーブル西部地区にある病院を訪ねた。タリバーン時代には出勤を禁止された女性の医師と看護婦が、再び病院に戻り、近所の主婦を集めて医療相談会と診療を行っていた。

アフガン和平の到来は、確かにカーブル市内の随所で、今までにない光景を生み出していた。何よりも私の眼に強く焼きついた印象は、人々が「今度こそ本当の平和が訪れそうだ」という期待感を持ち、厳しい生活条件にもかかわらず、明日への希望を持ち始めたことである。

3　南西アジアの新秩序

再建への課題

大局的、長期的な視点からアフガンを眺めると、アフガンの歴史の流れは確実に戦乱から和平に転換しつつある。しかしその一方で、局地的、短期的な視点から眺めると、そこかしこに多くの難問や課題が山積しているのもまた事実である。

これらの課題を分類すると、未来に向けて創造し、構築してゆかなければならない分野と、過去の戦乱によって生じた問題の終結と救済を図らなければならない分野とに、分けることができる。

前者は、①中央政府と地方行政機構、軍隊、警察の整備、②教育機関の整備、③国民の健康維持と衛生環境の整備、④道路、運輸、情報通信、航空網、エネルギーなどインフラ（社会基盤）の整備、⑤銀行、市場など金融・経済システムの構築、⑥主力産業である農業、牧畜と地方経済の開発、などである。

一方、後者については、①地雷の除去、銃器類の所持および使用の禁止、②アヘン栽培と麻薬売買の禁止、③戦争犠牲者の家族や身体障害者への支援と救済、④残存するテロ組織の排除、地方の民兵組織の解体、などである。

アフガンはこれらの課題をすべて達成して初めて「普通の国家」に到達することになるが、これらの作業はけっして容易なことではない。

暫定政権の発足以来、治安を維持するため国連安保理決議に基づき二〇か国から国際治安支援部隊(ISAF)として約五〇〇〇人の兵士がカーブルに派遣された。しかし政権発足まもない二〇〇二年二月一五日、カーブル空港で航空相が殺害された後、七月六日には副大統領が暗殺された。さらに九月五日にはカルザイ大統領自身が襲われ、治安状況は決して改善されてはいない。これらの背景には、暫定政権の誕生を好まない旧勢力や、暫定政権を構成する各勢力間の争いが存在している。と同時に、発足したばかりの警察部隊や国軍の警備能力が不十分であることを物語っている。そこでカルザイ大統領は、国際治安部隊の駐留の延期を要請し、国連は二〇〇三年一二月末まで駐留を延期することになった。

またアフガン周辺諸国との国境地帯では、逃亡したテロリストや、タリバーン兵の一部が残存しているほか、地方都市では依然として地元有力者が民兵を雇って、政府の武装解除に応じていない。このためパキスタンとの国境地帯を中心に、米軍の特殊部隊がいまだに掃討作戦を展開している状況である。このようにアフガン情勢にはまだ多くの不安定要素が残されている。

唯一つ言えることは、カルザイ大統領が主導する暫定政権に対し、国際社会すべてが支持しているという事実である。従来は、アフガンの政権を支持する国と支持しない国とに分かれ、国際社会に対立がもたらされていた。その意味で、暫定政権の発足によって、これまでの歴史にはなかった「アフガンと世界との新たな関係」が初めて構築されたのである。

周辺六か国の安定

新生アフガンの安定と国家の発展のためには、なによりもアフガンの人々の自立への固い意志とたゆまざる自助努力が不可欠である。そうしたアフガン国内の努力を蝕んできた外部要因が、かつてのイギリス、ロシアのグレート・ゲームであり、その後の米ソの介入や周辺諸国の干渉であった。

アフガン新政権の誕生後に、その鍵を握っているのは、国境を接する六つの国であり、なかでもアフガンを東西から挟む形で、お互いが隣接するパキスタンとイランである。イランについては、九七年のハタミ政権の登場を機に、国際社会との融和を目指す穏健派グループの台頭がうかがえるが、米ブッシュ大統領はイランに対し「悪の枢軸」の一つであると名指しで非難をしている。しかしアフガンの政情安定の上で最も懸念されるのは、パキスタンの動向である。

インドとの分離という形でイギリス植民地から独立したパキスタンは、過去五四年の歴史の中で軍事クーデターによる政権の奪取が繰り返されてきた。また選挙で誕生した政権といえども、民主的な手続きで次期政権に移行した例は一度もなかった。これは同じ独立後の道を歩みながら、軍人がクーデターで政権を握ったことがまったくない隣国インドと際立った対照を示している。しかも歴代のパキスタン政権は、パシュトゥーン人という同胞がアフガンにも居住することから、アフガンの政治に深く関与しただけでなく、タリバーンをはじめビンラーディンのテロ組織「アルカーイダ」など、国際政治を揺るがす勢力の出現に少なからず寄与してきた。

九九年のクーデターで誕生したムシャラフ政権は、同時多発テロ事件の後、米英両国の説得を受けてタリバーン政権に対する態度を一八〇度方向転換し、米英軍の軍事攻撃を容認した。アフガンに暫定政権が誕生した後も、引き続き国家の全権を握ってきたムシャラフ大統領は、内外の批判を和らげるために権力の一部を民政に移譲する方針を固め、二〇〇二年一〇月に総選挙を実施した。そして過去三年にわたり機能が停止していた議会を再開し、議会内で多数派を形成する政党ムスリム同盟(カイド派)の指導者で、ムシャラフ大統領を支持するザファルッラー・カーン・ジャマリ氏が首相に就任した。しかしムシャラフ大統領は、その後も全軍を統括する参謀長と大統領を兼務し、議会の解散権や首相を更迭する権限を有するなど、事実上国家の最高権力者の地位に留まっている。またアフガンへの米英軍の軍事行動を機に、カシミール地方のテロ組織を含む過激派グループの一掃に乗り出し、モスクや教育機関での急進的なイスラム思想の教育についても禁止する措置を取った。このためアフガン国境地帯のイスラム宗教組織や原理主義グループからの反発が強まり、国内の政情は十分安定しているとは言えない状況である。

イラン・パキスタン首脳会談

アフガン暫定政権が発足一周年を迎えた二〇〇二年一二月二三日、イランのハタミ大統領がパキスタンを訪問し、ムシャラフ大統領、ジャマリ首相と会談した。両国はアフガン情勢をめぐって二〇年来の厳しい対立関係を続け、両者の溝は半永久的に埋まらないであろうという悲観論が大勢を占めていた。それだけに電撃的な両国の首脳同士の会談は、周辺国のみならず欧米諸国を驚かせた。北朝鮮(朝鮮民主主義人民共和国)と日本との首脳会談に勝るとも劣らない、二〇〇二年における電撃的な会談の一つである。

両者の対立は、ソ連軍侵攻とともに顕在化した。シーア派が多数を占めるイランはアフガンのシーア派勢力を支援し、一方スンニー派が多数を占めるパキスタンはアフガンのスンニー派勢力を支援した。その結果、アフガンのムジャーヒディーン勢力は、これら両国からの援助を背景に、代理戦争を続けてきた。この対立こそがアフガンに「統一ムジャーヒディーン政権」の実現を阻む要因の一つであったとも指摘できる。そしてタリバーンが出現した五年前からは、イランはタリバーンを警戒して北部同盟を支持し、一方パキスタンはタリバーンを支援したため、両国の対立はそのまま継続する格好になった。

その両者がここに来て電撃的に首脳会談を行った。恩讐を越えた歴史的な和解であった。首脳会談が世界に向けて発信したメッセージは、イスラムの宗派を超えて、両国が友好関係を作り、アフガンの復興に協力してゆくことを誓う内容であった。アフガンの安定のみならず、南西アジアの緊張緩和に向けて、この首脳会談の意義は大きい。米国同時多発テロ事件の発生と、タリバーン政権の崩壊、そしてカルザイ政権の誕生という情勢の急展開が、イランとパキスタンの関係を改善させる引き金になったわけである。両国は東京で開催されたアフガン復興支援会議で演説し、イランは五億六〇〇〇万ドル、パキスタンは一億ドルを、それぞれ向こう五年間に拠出する意思を表明していた。過去の償いとも取れる両国の対応であった。また両国は、二度とアフガンに介入しないことを国際社会に約束するため、ともにアフガン暫定政権との間で、不戦協定とも言える文書に署名した。この協定には、アフガン北部で国境を接する残り四つの国、すなわちタジキスタン、ウズベキスタン、トルクメニスタン、中国も署名している。このようにアフガンに暫定政権が誕生してから、周辺諸国の交流が急速に活発化し始め、この新たな流れに関係諸国の首脳らが驚きを隠せないでいる。

またハタミ大統領は、世界第二位の埋蔵量を誇るイランの天然ガスを、パイプラインによりパキスタン経由でインドに送る構想をパキスタンに提示した。三五億ドルを要するこの計画が実現すれば、関係三か国が共同の利益を受けることになる。しかもこの計画を通して、イランはインド－パキスタン間の対立を和解させる調停役を引き受けるとの意思をも表明した。

一方、ハタミ大統領のパキスタン訪問が成功裡に終わってからわずか二日後、今度は中央アジアのトルクメニスタンから新たなニュースが届いた。アフガンのカルザイ大統領がトルクメニスタンを訪れ、かつてパキスタンが提唱したパイプライン構想を再現させることで合意したというものである。これはトルクメニスタンに埋蔵する天然ガスを、総延長一五〇〇キロのパイプラインによって、アフガン経由でパキスタンに送るもので、アフガン、トルクメニスタン、パキスタン三国が合意に達し、調印した。

数日前イランが提案した構想は、アフガンを経由しないため、アフガン政府には直接関係のないプロジェクトであった。しかしトルクメニスタンからのパイプライン計画では、アフガンを経由して天然ガスが輸送されるため、通過手数料を得ることが可能になり、外貨収入の少ないアフガン経済に大きな恩恵をもたらす。関係三か国は、アジア開発銀行などの資金協力を受けて、構想の実現を図る方針である。

こうした経済プロジェクトが相次いで発表されたということは、この地域の政治的安定がさらに進展するであろうと判断されたからにほかならない。

複数の国家に共通の利益をもたらす大規模なプロジェクトが、かつての事例が示すような権力者の利権に絡むことなく実現することになれば、アフガンをはじめ、イラン、トルクメニスタン、パキスタンの未来に計り知れない経済効果をもたらすことであろう。そのためにも、周辺諸国の政治の安定と、国際協力が不可欠であると言えるだろう。

4　アフガンと日本

日本の国際貢献

二〇〇二年一月、アフガンの復興に向けた国際会議が東京で開催され、日本政府のアフガンに対する支援政策が、遅ればせながら国際社会に伝わった。世界の先進七か国、いわゆるG7の中で、アフガンの紛争に関与しなかったのは、ドイツ、日本、カナダなど一部の国に過ぎない。こうした事実に加え、アフガンは日本と同じアジアの国である。このような視点から眺めると、日本はアフガンの和平実現に向けて、積極的な関与を行うことが世界から容認されるだけでなく、強く期待されてもいる、と言えるだろう。こうしたアジアの国への支援には、資金だけでなく人的な面からも多様な援助を進めなければ、同じアジアの仲間として、アジア諸国から信頼を勝ち得ることは不可能である。

日本政府が国連の改革に合わせて、常任理事国のポストを得たいとする意欲を見せてから久しい。常任理事国入りを希望する理由は、国際社会における大国としての地位を得るためではない。常任理事国になることによって、より強力に日本政府が平和外交を推進し、国際紛争の調停や、武力紛争の抑止に貢献することを希望しているからであろう。そうだとすると、常任理事国になる前の段階から、世界に対して日本の外交理念や調停能力を披露し、紛争後の和平実現に向けた指導力を示しておかなければならないだろう。

アフガンでは、カーブルなど一部の地域が平和維持部隊によってかろうじて治安が守られている状態である。周辺国と接する地方には、他国の情報機関などと結びついた軍閥がいまなお跋扈しており、カルザイ政権の基盤を脆弱化させる要素になっている。そうした平和への阻害要因を排除する手段として、日本はODAなどの援助を武器に、こうしたアフガン周辺国からの干渉に目を光らせることもできる。

NGOの支援

また、NGOを通じたアフガン援助をさらに強化することも重要である。アフガンの支援を行ってきた日本のNGO団体には、ソ連軍侵攻の頃から難民の救済に当たるなどのボランティア活動を続けてきた団体もある。「国境なき医師団」「赤十字国際連盟」などの日本支部をはじめ、中村哲医師らによる「ペシャワール会」など、いわゆる活動歴の長い経験豊かな組織から、地方の小規模なボランティア組織まで、規模、予算、所属会員数などはまちまちであるが、さまざまなＮＧＯがアフガン支援にかかわってきた。

最近、ＮＧＯがいろいろな分野で活躍する場を与えられた背景には、政府が直接人道援助を行うよりも、ＮＧＯのきめの細かい活動を通じて人道援助を行うことによって、援助の種類を多様化させ、より効果的な支援が実施できるという長所があるからである。

一方、こうしたＮＧＯに対して、日本では、企業からの支援が少ないようにも見受けられる。アフガンでは、日本の自動車、電器・精密機器製品などがパキスタン経由で輸入されているが、戦乱の後遺症に苦しむアフガンの人々に、収益の一部を還元するのも、別の形の人道援助である。国際支援は政府だけでなく、企業、地方自治体、大学などの教育機関、そして一般の市民が多角的に参画する形態が必要であろう。

アフガンに道路が建設されて、輸送機関のトラックやバスが必要になる。物資の輸送が活発になれば、アフガンの市場に日本製品が登場する機会は増えることになる。これは一例に過ぎない。日本の農業技術、灌漑技術、トンネル掘削技術、さらには鉄道の建設など、協力できる分野は無限に広がっている。

アフガンに市民社会の基礎が築かれるまでは、営利を控えた支援を優先させるのも大切である。私は本書の冒頭で、アフガンに生まれた貴石ラピス・ラズリが、日本に伝わった薬師如来という「ほとけの一人」と深い結びつきのある事実を指摘した。つまり何百万という日本人が、過去二〇〇〇年以上にわたり、薬師如来に助けを求め、さまざまな形で救済を受けてきた、とも言えるわけである。アフガンが単にアジアの一地域であるという地理的関係だけではなく、古い歴史の文脈の中で、日本の歴史と文化に影響を与えた地域であるとの認識に立てば、数千年にわたって受けてきた有形無形の「仏の慈悲」を、今こそアフガンの大地とそこに暮らす人々にお返しすることこそ、「人の道」であり、日本が真の「人道支援を目指す国」に到達する方法ではないかと考える。

あとがき

アフガンの現代史を執筆しようと決意した時期は、米国で同時多発テロ事件が起き、アフガンが国際社会の注目を再び集めた二〇〇一年の秋だった。主な動機は、「はじめに」で述べた点のほかに三つある。第一は、米・英・露を中心とする大国の干渉が、いかにしてアフガンの近代国家建設を阻害し、破綻させたか、そのプロセスを指摘したかった。第二は、タリバーン政権誕生やビンラーディンの存在が証明したように、パキスタン、サウジアラビアなど、イスラム圏にある周辺諸国が、自国の国家エゴイズムを巧妙に隠蔽しながら、イスラム教を装った「まやかしの思想」をアフガンに移植し、アフガンの民族統合と国家体制の樹立を蝕んでいった実態を示したかった。そして第三は、同じアジアの国家でありながら、このようなアフガンの悲劇とはまったく無縁な彼岸世界にあって、そのような存在すらあまり気にも留めなかった日本と日本人に対して、アフガンの現状と、そこに至った経緯を示したかった。本書の執筆を終えた今、この三つの動機が十分達成されたか、甚だ疑わしい。限られた紙面の範囲で筆者の意思がどの程度伝えられたかは、結局読者の厳しい批判を待つしかないだろう。

だが今、アフガンは長かった苦しみの時代に幕を閉じ、国家建設に向けた新たな時代に着実に移行しつつある。現地を再訪した筆者の目には、大国の呪縛から解き放たれた人々の「平和への希求」がはっきりと映った。確かにカルザイ新政権の現状は、さながらガラス細工のような脆弱な権力バランスの上に構築されている。しかし政治、経済の閉塞状況下であえぐ日本人の「どんよりとした眼」に比べると、アフガンの人々の眼には、どこか希望に満ち溢れた「強い輝き」があるように感じるのは、筆者の思い入れや錯覚であろうか。どんなに生活が貧しくても、希望が存在する社会と、生活がある程度満ち足りていても、その先に何ら希望が見えてこない社会とでは、人々の心の在りようは大きく異なってくる。同時に、アフガンの現代史の流れは、強力な国家が弱小国家を破滅に追い込む「大国の論理」を見事に証明している。アフガンの人々は、そうした大国の国家エゴイズムを自らの犠牲の上に、世界に示してくれたのだ、と解釈することもできる。アフガンの歴史から学ぶものはまことに多い。

最後に、本書の出版にあたり、岩波書店新書編集部、坂巻克巳、佐藤司、広田祐子の諸氏が示してくれた協力に心から御礼を申し上げたい。

二〇〇三年二月二一日　ソルボンヌ大学にて

渡辺　光一

アフガニスタン関連年表

年代	アフガニスタン	国外
1747年	ドゥッラーニー朝成立(アフガン建国)	
1775	首都，カンダハールからカーブルへ	
1826	ドースト・ムハンマド・カーン政権握る(ムハンマドザイ朝〜1973年)	
1839-42	第一次アフガン戦争	
1878-80	第二次アフガン戦争	**1857**(英)インド大反乱
1880	アブドゥル・ラーマン・カーン即位	**1858**(英)東インド会社解散．インド直接統治へ
1885	ロシア，アフガン進出	
1887	英露，アフガン国境協定	
1893	英領インドとの間にデュランド・ライン確定	**1904** 日露戦争 **1907** 英露協商
1919	アマヌッラー王即位	**1914** 第一次世界大戦勃発
	第三次アフガン戦争，アフガン独立	**1917** ロシア革命
1929	アマヌッラー王，保守派の反乱で伊へ亡命	
	タジク王朝(1〜10月)	
	ナディル・シャー即位(〜33年暗殺)	
1933	ザヒル・シャー即位(〜73年)	**1939-45** 第二次世界大戦
1953	ムハンマド・ダウド首相就任	**1947** パキスタン，インド，英より独立
1963	ザヒル・シャー，ダウド首相を更迭	
1964	第三次憲法施行	**1960** ベトナム戦争はじまる
1965	初の総選挙．人民民主党(PDPA)結成	
1969	第二回総選挙	**1970**(パ)アリー・ブット政権誕生
1973	軍事クーデターで元首相ダウド，大統領に．ザヒル・シャー，伊へ亡命(王制廃止，アフガニスタン共和国成立)	
1974	ダウド大統領モスクワ訪問	
1975	ダウド，国民革命党結成	
1977	共和国憲法制定，一党独裁へ	
1978	クーデター(四月革命)．ダウド暗殺．アフガニスタン民主共和国成立(タラキ議長，カルマル副議長)	

アフガニスタン関連年表

1978	ソ連と善隣友好条約締結(12月)	
79	タラキ身柄拘束後，死亡発表．アミン実権掌握(9月) ソ連軍アフガン侵攻開始(12月25日) アミン処刑．カルマル政権樹立	**1979. 1** イラン革命．ホメイニ師帰国 **11** テヘラン米大使館占拠事件
1986	カルマル議長解任，ナジブッラー政権発足(5月) ゴルバチョフ，ウラジオストクでソ連軍一部撤退の演説(7月) 駐留ソ連軍6個連隊が撤退(10月)	**1980** イラン・イラク戦争はじまる **1982**(ソ)ブレジネフ死去 **1985**(ソ)チェルネンコ死去．ゴルバチョフ書記長に
1987	ナジブッラー大統領就任	
1988	ジュネーブ和平協定(4月) ソ連軍撤退開始(5月15日)	**1988. 12**(パ)ブナジール・ブット政権(第一次)誕生
1989	ソ連軍撤退完了(2月) アフガン暫定政府(AIG)樹立(2月)．暮れに崩壊 ジャララバード攻防戦でゲリラ敗北(3月〜7月)	**1989. 6**(中)天安門事件 **9〜12** 東欧革命 **11** ベルリンの壁崩壊
1990	ナジブッラー，ロヤ・ジルガ開催(5月憲法改正，複数政党制へ)	**1990. 8** イラク，クウェート侵攻 **8**(パ)ブット首相解任 **11**(パ)シャリフ首相就任
1991		**1991. 1〜2** 湾岸戦争 **7** ワルシャワ条約機構解散 **9**(ソ)エリツィン大統領就任 **12** ソ連邦解体
1992	米ソ，軍事援助の停止(1月) ナジブッラー大統領退任(4月)．ムジャーヒディーン連立政権成立，ラバニ大統領就任	
1993	ゲリラ8派が和平協定調印	**1993. 1**(米)クリントン大統領就任(1期目) **10**(パ)第二次ブット政権発足
1994	内戦の激化 タリバーンの出現(7月)	
1996	ビンラーディン，スーダンからアフ	**1996. 5** パキスタン，サウジア

	ガンへ(5月) タリバーン，カーブル制圧(ラバニ政権崩壊)，ナジブッラー元大統領処刑(9月)	ラビア，アラブ首長国連邦，タリバーンを承認 **11**(パ)ブット首相解任
1997	北部同盟の結成(6月)	**1997. 1**(米)クリントン(2期目)，オルブライト国務長官就任 **2**(パ)第二次シャリフ政権
1998	米軍，大使館連続爆破事件への報復措置として，スーダン，アフガン国内に巡航ミサイル攻撃	**1998. 5**(印)地下核実験，(パ)二度の核実験 **8** アフリカの米大使館連続爆破 **10**(パ)ムシャラフ政権発足
2000	国連安保理，ビンラーディンとタリバーンに対する制裁決議案を可決(12月19日)	**2000. 10** 米イージス艦「コール」に対する自爆テロ
2001	米英軍，軍事作戦開始(10月7日) タリバーン政権崩壊(12月)．ボン合意，カルザイ氏を議長に選出 アフガニスタン暫定政権発足(12月22日)	**2001. 1**(米)ブッシュ2世大統領就任 **9. 11** 同時多発テロ
2002	緊急ロヤ・ジルガ開催(6月11日)，アフガン移行政権発足．カルザイ議長，大統領に就任	**2002. 1** 東京でアフガン復興支援国際会議開催

※国外欄の略称はそれぞれ，(英)＝英国，(パ)＝パキスタン，(ソ)＝旧ソ連邦，(中)＝中国，(米)＝米国，(印)＝インドを指す

参考文献

【欧文文献】

J. P. Ferrier, *Caravan Journeys and Wanderings in Persia, Afghanistan, Turkistan and Beloochistan*, Paris, South Asia, 1857

Henry Priestley, *Afghanistan and its Inhabitants*, Lahore, Indian Public Opinion, 1874

Peter Hopkirk, *A Ride to Khiva*, London, Cassell Piter & Galpin, 1876

F. F. von Richthofen, *China. Ergebnisse eigener Reisen und darauf gegründeter Studien*, Berlin, Reimer, 1877

Albert Hermann, *Die alten Seidenstrassen zwischen China und Syrien*, Berlin, Weidmann, 1910

Peter Hopkirk, *Mission to Tashkent*, London, Oxford University Press, 1946

Olaf Caroe, *The Pathans 550 B.C.-A.D. 1957*, London, Oxford University Press, 1958

Fredrik Barth, *Political Leadership among Swat Pathans*, London, The Athlone, 1959

James W. Spain, *The Way of the Pathans*, Oxford, Oxford University Press, 1962

Rosanne Klass, *Afghanistan Land of the High Flags*, London, The Adventure Club, 1964

Patrick Macrory, *Kabul Catastrophe*, London, Prion, 1966

Biswanath Ghosh, *British Policy towards the Pathans and the Pindaris in Central India*, 1805-1818, Calcutta, Punthi-Pustak, 1966

Sahab Geographie & Drafting Institute, *General Atlas of Afghanistan*, Tehran, SAHAB, 1967

Sahab Geographie & Drafting Institute, *Atlas of Ancient & Historical Maps of Iran*, Tehran, SAHAB, 1967

Nour M. Rahimi, *The Kabul Times Annual*, 1967, Kabul, Kabul Times, 1967

Nancy Hatch Dupree, *An Historical Guide to Afghanistan*, Kabul, Afghan Air Authority, 1970

Louis Dupree, *Afghanistan*, Oxford, Oxford University Press, 1973

Nancy Hatch Dupree, Louis Dupree, *The National Museum of Afghanistan : An Illustrated Guide*, Kabul, The Afghanistan Air Authority,

1974
E. J. Chinnock, *Anabasis of Alexander*, London, Natraj, 1977
Major J. Biddulph, *Tribes of the Hindoo Koosh*, Karachi, Indus Publications, 1977
Peter Hopkirk, *Foreign Devils on the Silk Road : the Search for the Lost Cities and Treasures of Chinese Central Asia*, London, John Murray, 1980
M. E. Yapp, *Strategies of British India : Britain, Iran and Afghanistan 1798-1850*, Oxford, Oxford University Press, 1980
John C. Griffiths, *Afghanistan : A History of Conflict*, London, André Deutsch, 1981
David Chaffetz, *A Journey through Afghanistan : A Memorial*, Chicago, University of Chicago Press, 1981
Olivier Roy, *Islam and Resistance in Afghanistan*, Cambridge, Cambridge University Press, 1986
G. T. Vigne, *A Personal Narrative of a Visit to Ghuzni, Kabul & Afghanistan*, Delhi, Gian Publishing House, 1986
Amin Saikal, William Maley, *Soviet Withdrawal from Afghanistan*, London, Cambridge University Press, 1989
Mohammad Khalid Ma'aroof, *Afghanistan and Super Powers*, New Delhi, Commonwealth, 1990
Robert D. Kaplan, *Soldiers of God : with Islamic Warriors in Afghanistan and Pakistan*, New York, Vintage Books, 1990
Rob Schultheis, *Night Letters : Inside Wartime Afghanistan*, Guilford, The Lyons Press, 1992
Barnett R. Rubin, *The Search for Peace in Afghanistan : from Buffer State to Failed State*, New Haven, Yale University Press, 1995
Barnett R. Rubin, *The Fragmentation of Afghanistan : State Formation and Collapse in the International System*, New Haven, Yale University Press, 1995
Gary W. Bowersox, *Gemstones of Afghanistan*, Tucson, Geoscience Press, 1995
Gabriella Grasselli, *British and American Responses to the Soviet Invasion of Afghanistan*, Dartmouth, Dartmouth Publishing Company, 1996
Ralph H. Magnus, Eden Naby, *Afghanistan : Mullah, Marx, and Mujahid*, Oxford, Westview Press, 1998
William Maley, *Afghanistan and the Taliban : The Rebirth of Fundamentalism?*, New Delhi, Penguin books, 1998

Senzil K. Nawid, *Religious Response to Social Change in Afghanistan 1919-29 : King Aman-Allah and the Afghan Ulama*, London, Mazda, 1999

John K. Cooly, *Unholy Wars : Afghanistan, America and International Terrorism*, London, Pluto Press, 1999

Jason Elliot, *An Unexpected Light : Travels in Afghanistan*, New York, Picador, 1999

Sreedhar Mahendra Ved, *Afghan Buzkashi Power Games and Gamesmen*, Delhi, Wordsmiths, 2000

Sirdar Ikabal Ali Shah, *Afghanistan of the Afghans*, New Delhi, Bhavana Books & Prints, 2000

Antonio Giustozzi, *War, Politics and Society in Afghanistan 1978-1992*, Washington, Georgetown University Press, 2000

Frank A. Martin, *Under the Absolute Amir of Afghanistan*, New Delhi, Bhavana Books & Prints, 2000

Tom Carew, *Jihad! : The Secret War in Afghanistan*, Edinburgh, Mainstream publishing, 2000

Charles Allen, *Soldier Sahibs*, Great Britain, Abacus, 2000

Larry P. Goodson, *Afghanistan's Endless War : State Failure, Regional Politics, and the Rise of the Taliban*, Seattle, The University of Washington Press, 2001

Adam Robinson, *Bin Laden : Behind the Mask of the Terrorist*, Edinburgh, Mainstream, 2001

Phillip Bonosky, *Afghanistan-Washington's Secret War*, New York, International Publishers, 2001

Martin Ewans, *Afghanistan : A Short History of its People and Politics*, New York, Curzon Press, 2001

Stephen Tanner : *Afghanistan : A Military History from Alexander the Great to the Fall of the Taliban*, Cambridge, US, Da Capo Press, 2002

Jennifer Siegel, *Endgame : Britain, Russia and the Final Struggle for Central Asia*, London, I. B. Tauris, 2002

Peter Marsden, *The Taliban : War and Religion in Afghanistan*, London, Zed Books, 2002

Latifa, *My Forbidden Face : Growing up under the Taliban ; A Young Woman's Story*, Paris, A Virago Press, 2002

Cheryl Benard, *Veiled Courage : Inside the Afghan Women's Resistance*, New York, Broadway Books, 2002

【邦文文献】

前嶋信次，蒲生禮一編『西アジア史』(世界各国史 第11巻) 山川出版社，1955年
安川茂雄，白簱史朗『アフガニスタンの山旅』あかね書房，1966年
ヘロドトス(松平千秋訳)『歴史』全3冊，岩波文庫，1971-72年
深田久弥『中央アジア探検史』(西域探検紀行全集 別巻) 白水社，1971年
玄奘(水谷真成訳)『大唐西域記』平凡社，1971年
玄奘(高田修訳)『大唐大慈恩寺三蔵法師傳』大東出版社，1980年
樋口隆康『インド・中央アジア』(シルクロード考古学 第1巻) 法蔵館，1986年
樋口隆康『西域紀行』(シルクロード考古学 第2巻) 法蔵館，1986年
渡辺光一『テレビ国際報道』岩波新書，1992年
デビッド・イスビー(ブラウン恵美子訳)『アフガニスタン戦争』大日本絵画，1993年
中村哲『アフガニスタンの診療所から』筑摩書房，1993年
スヴェトラーナ・アレクシエーヴィッチ(三浦みどり訳)『アフガン帰還兵の証言』日本経済新聞社，1995年
慧立彦(長澤和俊訳)『玄奘三蔵』講談社，1998年
大塚和夫『イスラーム的』日本放送出版協会，2000年
アハメド・ラシッド(坂井定雄，伊藤力司訳)『タリバン』講談社，2000年
バーナード・ルイス(白須英子訳)『イスラーム世界の二千年』草思社，2001年
アッリアノス(大牟田章訳)『アレクサンドロス大王東征記』全2冊，岩波文庫，2001年
ベルニエ(関美奈子訳)『ムガル帝国誌』全2冊，岩波文庫，2001年
マイケル・グリフィン(伊藤力司ほか訳)『誰がタリバンを育てたか』大月書店，2001年
前田耕作『アフガニスタンの仏教遺跡バーミヤン』晶文社，2002年

渡辺光一

1942年 東京生まれ
1966年 東京外国語大学インド・パキスタン語学科卒業. NHK入社後, 社会部, 外信部記者を経てボン支局長, ニューデリー支局長, モスクワ支局長を歴任. この間, アフガン各地を十数回歴訪し, アフガン問題のNHK特集などを取材, 制作. この他, インドシナ紛争, アフリカ飢餓, 湾岸戦争, 米ソ首脳会談, フィリピン革命, ボスニア紛争などを現地取材. 衛星放送ニュース・キャスター, 放送文化研究所主任研究員を歴任のあと, 99年に退社.
現在―駒沢女子大学教授(国際政治学・マスコミ論)
著書―『テレビ国際報道』(岩波新書), 『外交官になるには』(ぺりかん社), 『二〇世紀放送史』, 『データブック世界の放送』(共著, NHK出版)

アフガニスタン　戦乱の現代史　岩波新書(新赤版)828

2003年3月20日　第1刷発行

著　者　渡辺光一《わたなべこういち》

発行者　大塚信一

発行所　株式会社 岩波書店
〒101-8002 東京都千代田区一ツ橋 2-5-5

電　話　案内 03-5210-4000　販売部 03-5210-4111
新書編集部 03-5210-4054
http://www.iwanami.co.jp/

印刷・精興社　カバー・半七印刷　製本・中永製本

ISBN 4-00-430828-3　　Printed in Japan

岩波新書創刊五十年、新版の発足に際して

岩波新書は、一九三八年一一月に創刊された。その前年、日本軍部は日中戦争の全面化を強行し、国際社会の指弾を招いた。しかし、アジアに覇を求めた日本は、言論思想の統制をきびしくし、世界大戦への道を歩み始めていた。出版を通して学術と社会に貢献・尽力することを終始希いつづけた岩波書店創業者は、この時流に抗して、岩波新書を創刊した。

創刊の辞は、道義の精神に則らない日本の行動を深憂し、権勢に媚び偏狭に傾く風潮と他を排撃する驕慢な思想を戒め、批判的精神と良心的行動に拠る文化日本の躍進を求めての出発であると謳っている。このような創刊の意は、戦時下においても時勢に迎合しない豊かな文化的教養の書を刊行し続けることによって、多数の読者に迎えられた。戦争は惨澹たる内外の犠牲を伴って終わり、戦時下に一時休刊の止むなきにいたった岩波新書も、一九四九年、装を赤版から青版に転じて、刊行を開始した。新しい社会を形成する気運の中で、自立的精神の糧を提供することを願っての再出発であった。赤版は一〇一点、青版は一千点の刊行を数えた。

一九七七年、岩波新書は、青版から黄版へ再び装を改めた。右の成果の上に、より一層の課題をこの叢書に課し、閉塞を排し、時代の精神を拓こうとする人々の要請に応えたいとする新たな意欲によるものであった。即ち、時代の様相は戦争直後とは全く一変し、国際的にも国内的にも大きな発展を遂げながらも、同時に混迷の度を深めて転換の時代を迎えたことを伝え、科学技術の発展と価値観の多元化は文明の意味が根本的に問い直される状況にあることを示していた。

その根源的な問は、今日に及んで、いっそう深刻である。圧倒的な人々の希いと真摯な努力にもかかわらず、地球社会は核時代の恐怖から解放されず、各地に戦火は止まず、飢えと貧窮は放置され、差別は克服されず人権侵害はつづけられている。科学技術の発展は新しい大きな可能性を生み、一方では、人間の良心の動揺につながろうとする側面を持っている。溢れる情報によって、かえって人々の現実認識は混乱に陥り、ユートピアを喪いはじめている。わが国にあっては、いまなおアジア民衆の信を得ないばかりか、近年にいたって再び独善偏狭に傾く惧れのあることを否定できない。

豊かにして勁い人間性に基づく文化の創出こそは、岩波新書が、その歩んできた同時代の現実にあって一貫して希い、目標としてきたところである。今日、その希いは最も切実である。岩波新書が創刊五十年・刊行点数一千五百点という画期を迎えて、三たび装を改めたのは、この切実な希いと、新世紀につながる時代に対応したいとするわれわれの自覚とによるものである。未来をになう若い世代の人々、現代社会に生きる男性・女性の読者、また創刊五十年の歴史を共に歩んできた経験豊かな年齢層の人々に、この叢書が一層の広がりをもって迎えられることを願って、初心に復し、飛躍を求めたいと思う。読者の皆様の御支持をねがってやまない。

（一九八八年一月）

現代世界

イラクとアメリカ	酒井啓子
現代中国 グローバル化のなかで	興梠一郎
パレスチナ〔新版〕	広河隆一
テロ後 世界はどう変わったか	藤原帰一編
「対テロ戦争」とイスラム世界	板垣雄三編
ソウルの風景	四方田犬彦
現代イラン 神の国の変貌	桜井啓子
異文化理解	青木保
オーストラリア	杉本良夫
アメリカの家族	岡田光世
ロシア市民	中村逸郎
ライン河	加藤雅彦
ドナウ河紀行	加藤雅彦
中国路地裏物語	上村幸治
ロシア経済事情	小川和男
イスラームと国際政治	山内昌之
イギリス式人生	黒岩徹
南アフリカ「虹の国」への歩み	峯陽一
女たちがつくるアジア	松井やより
韓国言語風景	渡辺吉鎔
ユーゴスラヴィア現代史	柴宜弘
ビルマ「発展」のなかの人びと	田辺寿夫
東南アジアを知る	鶴見良行
バナナと日本人	鶴見良行
韓国 民主化への道	池明観
環バルト海 地域協力のゆくえ	百瀬宏 志摩園子 大島美穂
フランス家族事情	浅野素女
人びとのアジア	中村尚司
ヴェトナム「豊かさ」への夜明け	坪井善明
中国人口超大国のゆくえ	若林敬子
タイ 開発と民主主義	末廣昭
インドネシア 多民族国家の模索	小川忠
ハワイ	山中速人
現代アフリカ入門	勝俣誠
イスラームの日常世界	片倉もとこ
ヨーロッパの心	犬養道子
エビと日本人	村井吉敬
戒厳令下チリ潜入記	G・ガルシア＝マルケス 後藤政子訳